山西博物院

藏品概览·砖雕卷

山西博物院　编

文物出版社

图书在版编目（CIP）数据

山西博物院藏品概览．砖雕卷 / 山西博物院编．--北京：文物出版社，2020.12
ISBN 978-7-5010-6829-6

Ⅰ．①山… Ⅱ．①山… Ⅲ．①文物—介绍—山西②砖—装饰雕塑—介绍—山西 Ⅳ．① K872.25

中国版本图书馆 CIP 数据核字（2020）第 196690 号

山西博物院藏品概览·砖雕卷

编　　者 / 山西博物院

责任编辑 / 许海意
责任印制 / 张道奇
装帧设计 / 谭德毅

出版发行 / 文物出版社
社　　址 / 北京市东直门内北小街 2 号楼
邮政编码 / 100007
网　　址 / http://www.wenwu.com
邮　　箱 / web@wenwu.com
经　　销 / 新华书店
制版印刷 / 北京荣宝艺品印刷有限公司
开　　本 / 889毫米×1194毫米　1/16
印　　张 / 15.25
版　　次 / 2020年12月第1版
印　　次 / 2020年12月第1次印刷
书　　号 / ISBN 978-7-5010-6829-6
定　　价 / 280.00元

《山西博物院藏品概览·砖雕卷》
编辑委员会

序言

山西位于黄河中游，地处中原农耕文化和北方草原文化交汇区域。特定的地理位置和多元的文化交流，为三晋大地留下了丰富而鲜明的历史文化遗产。山西现有不可移动文物53875处，其中全国重点文物保护单位452处。国有馆藏可移动文物320万件（组）。这些美轮美奂的文物，恰如散落在黄土地上的点点繁星，折射出华夏文明的璀璨光辉。

山西博物院前身为1919年创建的山西教育图书博物馆，是中国最早设立的博物馆之一，至今已有100年的历史。1953年起称山西省博物馆。2005年建成开放的山西博物院坐落在龙城太原美丽的汾河西岸，2008年起向公众免费开放，成为全国首批国家一级博物馆，是山西省最大的文物收藏、保护、研究和展示中心。院藏的40余万件文物荟萃全省精华，其中新石器时代陶寺遗址出土文物、商代方国文物、两周时期晋及三晋文物、北朝文物、石刻造像、历代地方陶瓷、金代戏曲文物等颇具特色。

为保护传承山西历史文化，合理利用文物资源，以文明的力量助推社会的发展进步，值此建馆100周年之际，我院将分期分批推出院藏文物精品图录，藉以向为山西博物馆事业付出辛勤劳动、无私奉献和关心支持的各界人士表示崇高的敬意和衷心的感谢！同时希望更多的社会各界人士关注、关爱、支持山西博物馆事业的发展！

回望百年，一代代晋博人薪火相传，筚路蓝缕。遥望未来，新时代的文博人将栉风沐雨，砥砺前行。习近平总书记强调，要“系统梳理传统文化资源，让收藏在博物馆里的文物、陈列在广阔大地上的遗产、书写在古籍里的文字都活起来”。作为三晋文化的弘扬和传承者，山西博物院将认真贯彻落实习近平总书记关于文物工作的重要指示批示精神，坚持把社会效益放在首位，着力打造“艺术展示的殿堂，学生学习的课堂，民众休闲的乐园”，使博物馆成为推动经济社会发展、彰显地域文化魅力、提升人民生活品质的有力支撑，为不断谱写新时代中国特色社会主义山西新篇章而不断努力！

谨以此献给山西博物院成立100周年。

山西博物院院长 张元成

2019年1月

综述

北宋时期，中央集权重文抑武，百官权力分散，商品经济活跃，井市文化生活发达。社会时有竞富之风，房屋建筑追求华丽。囿于建筑体量，则转向追求装饰效果，通过增饰铺作、飞檐或遍施彩绘以展现其富丽堂皇之感。受"事死如事生"丧葬观念影响，这种风气也促进宋代平民仿木结构建筑砖雕壁画墓的兴起。

1126年，金人攻破汴京，十数年间，战乱纷扰，经济凋敝，民间仿木结构砖雕墓曾一度绝迹。金熙宗皇统元年（1141年），宋金息兵，经济开始复苏。至金世宗大定年间，北部中国再现富足安康。作为金朝经济文化基地的河东地区，民俗文化空前活跃，仿木结构砖雕墓重放光彩。为死者建造豪华墓室，以期死者仍可享受人间荣华富贵，并由此显示孝行，抬高生者社会身份地位。1206年，蒙古部成吉思汗统一大漠南北，建立大蒙古国。为脱离金朝控制，成吉思汗于1210年与金朝断交，隔年发动蒙金战争。金宣宗于1214年迁都汴京（今河南开封），南迁之后国势益弱，河东南路仿木结构墓葬从此衰落。

北宋以现实生活建筑为蓝本，主要利用墓砖以及墓壁上的彩绘来构建多层铺作的仿木结构。金代，对墓葬营建尤为注重，结构墓室布局承袭北宋中原地区样式，墓室多长方形，少数方形，室内砌棺床。长方形墓室棺床位于一侧，另一侧为过道；方形墓室棺床和过道砌为凹形。墓室四壁下层常砌雕须弥座，座上再竖明柱，或单檐或双檐，屋面饰筒瓦抱沟，屋面之上再券成覆斗式穹隆顶。一般墓内布局皆模仿南厅（廊）北堂、东西厢房的中国传统四合院形制。

墓室砖雕的流行，大大促进了砖雕艺术的发展。墓砖或用于营造建筑空间，分割墓室；或用于装饰壁面，展现墓主人社会生活。墓壁上或砖砌假门窗、桌椅、衣架、灯檠等家具陈设，以借代象征的方式强化墓室作为死后居所的功能；或各面都饰以砖雕或彩绘，展现墓主人家居生活的场景，如墓主夫妻宴饮、伎乐表演等场面；或饰以孝悌故事、八仙人物传达墓主人的社会生活理念，整个墓室充满浓厚的生活文化气息。

山西是宋金元仿木结构砖室墓葬发现较多的地区之一，晋南地区相对比较集中，晋中以孝义为主。山西博物院藏砖雕主要为侯马、新绛、稷山、闻喜和孝义等地宋金元墓葬出土。题材大概可划分为几类：艺术、人物、孝悌故事、祥瑞、建筑装饰等，其中艺术、人物、孝悌、祥瑞类砖雕较多。

1. 艺术类。内容包括散乐、杂剧、社火表演等。

两宋时期，人口众多、百业兴隆，市民文化繁荣，各种娱乐活动兴盛。城市里设有专门的娱乐场所——“瓦子”。娱乐项目多达十几种，有杂剧、杂技、皮影、说唱，以及许多舞蹈项目，如舞旋、舞绣球、耍大头、花鼓、舞蛮牌、扑旗子、扑蝴蝶等。在民间，另有业余歌舞队，每逢节日，涌上街头，游行表演。

宋代民间舞队叫作“社火”。社火即为迎神赛社等节日时表演的民间舞蹈。迎神赛社起源于我国远古时代，是祭祖酬神、祭天拜地的迷信活动。唐宋以后，祭祀活动与民间歌舞艺术结合，变成了既可以酬神又可以娱乐民众的社火活动。以儿童为主构成舞队表演是民间社火的常见形式。如变阵子，四人各负其责，执钺、扛伞、持刀、敲锣，演绎生动；瓜田乐（或村田乐），肩扛大瓜，载歌载舞，喜庆丰收。院藏侯马市牛村出土金代瓜田乐砖雕，图中共5个童子，中间一人头戴幞头，肩扛巨形大瓜，象征丰收，主题明确；其余童子，一人挎腰鼓，一人吹横笛，二人敲锣，翩翩起舞，庆贺丰收，场面欢快热烈。新绛县南范庄金墓出土瓜田乐则为一人肩扛大瓜，扭动腰肢，起舞作乐。乔妇人，则为一男人乔装妇人，头披长发，下系长裙，其他童子围绕其嬉笑耍闹。也有二人表演者，如新绛县南范庄金墓出土砖雕，其中一人男扮女装，披长披巾，穿长袍，以帕托腮，扭捏作态；另一人头裹幞头，步态夸张，擎伞随后。

竹马戏，作为一种民间歌舞表演，可溯源至汉代，唐宋时蓬勃发展。宋元时期成为舞剧中的重要剧目。竹马，即以竹条做骨架，整体做成马的造型，外蒙纸或帛，马的腰部留孔，套于表演者腰部，演者和着音乐伴奏或歌唱，亦步亦舞。表演人物多为儿童。院藏侯马市牛村出土的竹马戏有蛮牌长矛对战、双旗对战、圆盾长矛棹刀对战等。四童子各骑竹马打仗，两人一组，各执武器，或举剑奋战，或回身持盾牌挡剑，或持盾扛刀败逃，或持槊矛紧紧追赶，短兵相接、惊心动魄。院藏新绛县南范庄金墓出土狮子舞彩绘砖雕，狮子以竹条布帛扎成。六小儿或戴幞头，或梳丫髻，身着小袄窄裤，一同舞弄大狮子。狮子前方二小儿，一人敲锣开道，一人持缰牵引；狮腹中一前一后有二小儿，扮作狮子的前后腿；另外二小儿双手抱球，簇拥狮后，把舞狮刻画得形象生动，情趣盎然。

散乐即中国的百戏和杂戏，是一种音乐与舞蹈相结合的表演形式，涵盖了民间表演艺术的各种形式，包括杂技、武术、幻术、滑稽表演等。散乐器有觱篥、箫、大鼓、杖鼓、筝、琵琶、方响、拍板、笙、笛、五弦、箜篌等。根据乐器组合的不同可分两种形式，一种主要以鼓、笛、拍、觱篥为组合，属于古龟兹乐体系，以新绛南范庄、襄汾南董村等金墓散乐砖雕为代表；另一种主要以笙、箫、觱篥、方响为组合，为细乐（管弦乐），其相关人物皆为妙龄女子，以闻喜小罗庄等地金墓散乐砖雕为代表。

杂剧是一种把歌曲、宾白、舞蹈结合起来的中国传统艺术形式，晚唐时已出现。宋杂剧融歌舞戏、参军戏、说唱、词调、民间歌曲等艺术形式于一体，常于瓦肆、勾栏集中演出。伴奏乐器有笛、觱篥、大鼓、腰鼓、拍板，元代不见觱篥；乐器伴奏者除拍板为女性外，其余皆为男性，乐器不同，伴奏者服饰也各有不同。

角色有装孤、副末、末泥、装旦、副净。末泥，宋金杂剧院本中的主角，通常为穿袍秉笏的官员装扮，相当于现代戏中的生角。副净，一般为表情滑稽、插科打诨的角色，表演中以脸敷白粉的滑稽扮相和瘸跛踉跄的步态引人发笑，相当于现代戏中的丑角。副末一般为烘托副净所制造的笑料，表演上以插科打诨为主，主要是在演出前向观众介绍剧情，相当于现代戏曲中的报幕员。装孤在北宋杂剧中根据演出的需要随时增减，但在金院本中是一个必不可少的角色。装旦，扮演女性人物，表演以唱为主，相当于现代戏曲中的青衣旦角。此外还有引戏。

山西晋南是中国重要的戏曲中心之一，地上地下戏曲文物遗存丰富，是中国戏剧史研究的重要基地。院藏侯马牛村、稷山马村、苗圃新绛寨里等地出土的金元杂剧砖雕，是一批题材丰富且具有一定故事情节的杂剧舞台演出形象，生动诠释了宋金元杂剧的多彩形式和丰富内涵。

2. 人物类。主要有妇人启门、夫妇宴饮、侍女、侍从、武士等。

妇人启门类。砖雕或彩绘大门微启，一妇女探出身子，营造出现实家宅的氛围。门以板门为主，偶见格子门。妇人启门这一形象，汉代时就已经在墓室、墓祠和石阙画像中出现，到宋金时期逐渐发展并达到巅峰，元代以后逐渐走向衰亡。院藏稷山县出土妇人启门金代砖雕，多是板门微启，两扇门上均饰有梅花，妇人或探身张望或倚门而立。

夫妇宴饮类，包括夫妇并坐和对坐。早在秦汉时期，墓葬中已经出现了宴饮图的形象，隋唐时期宴饮图主要在帝王陵墓以及官员墓葬中出现，皇室贵胄乐此不疲。宋金时期市民阶层兴起，世俗文化发展，家庭和睦成为人们理想的家庭模式，此图像寓意夫妻恩爱，同享欢乐，民间相沿成风。宋金元时期又称此类题材的场景为“开芳宴”，基本元素包括墓主夫妇（或仅夫妇中其中一人）、一桌二椅（或二桌二椅）、卷帘、帷帐（垂以流苏挂饰）。北宋初期，多见一桌二椅，而无夫妇形象。北宋中期至金代初期常见夫妇对坐，并伴有乐舞，在桌上多放置酒具，也有仅存夫妇二人而无乐舞的场景。如稷山县出土的墓主人夫妇对坐砖雕，墓主人夫妇分别坐于方桌左右，中间立一侍者，双手持叉手礼。中间方桌设执壶、盏、盏托等物，其下三角架子上盛放鸡腿瓶两个。金代中期至元代初期较为繁盛，桌上摆放的物品中出现了鲜花以及瓜果。元代中期后逐渐衰落，夫妇并坐，乐舞也已不再。

3. 孝悌故事类。孝悌类题材主要指“二十四孝”的人物故事图像。

早在汉魏时期孝子故事已广为流传，并用孝子图像装饰墓葬。历代儒学之士竭力宣扬“孝道”，认为“教化已明，习俗已定”，天下便可太平。宋金时期，受程朱理学影响，墓葬中广泛出现了以壁画、砖雕、石棺、雕塑、漆棺为载体的二十四孝图，尤其金朝时，兴举孝廉制度，对民间的“孝义之人”多给予表彰和奖励。二十四孝的故事被制成砖雕、陶塑，成为北方一种流行的丧葬习俗。山西南部宋金墓葬中二十四孝题材砖雕，有的墓葬出土完整的一套孝行人物故事，有的是仅出现几个孝子故事。24个人物出现的组合大致相同，各墓差别不大。院藏新绛县南范庄金墓出土二十四孝砖雕，砖面内凹成壶门状，在此间浅浮雕人物，再施以墨彩绘画点染，所塑人物生动传神，个性鲜明；所绘人物服饰，线条流畅；场景逼真，造型古朴，颇具风采，是中华民族中“孝道”观念的生动体现，又是道德教化功能的艺术品。其间颇有与现代价值观不符者，然作为文物资料公布，亦有意义。

4.祥瑞类。主要有升仙类、动植物类图案。

升仙类，包括八仙、祥云鹿鹤等图像。八仙即中国民间传说中广为流传的道教八位神仙，有张果老、蓝采和、吕洞宾、何仙姑、韩湘子、曹国舅、钟离权、李铁拐，分别代表老、少、男、女、富、贵、贫、贱，俗称八仙所持的渔鼓、花篮、宝剑、荷花、洞箫、檀板、扇子、葫芦等八物或法器为“八宝”。这八位仙人各具法术，神通广大，游走人间，惩恶扬善，为民众所敬仰。不过，在金元时期，砖雕墓葬中八仙的组合还未完全固定，另有一位人物徐守信也常出现于八仙之列，如侯马市牛村出土的八仙砖雕中即有神翁徐神仙。明初周宪王《诚斋杂剧》中述其形象“笑喜微微”，是一位“进灵丹”者。我们今天所熟知的八仙人物直至明代吴元泰的《八仙出处东游记》与汤显祖的《邯郸梦》之后，才固定下来。

动植物类。最常见的艺术形象如各种花卉、禽鸟及湖石等，这些形象或作为单一装饰元素出现，或作为组合形象同时出现，共同构成一幅完整的花鸟图画。植物花卉类常见牡丹、石榴、荷花等。以百花之王牡丹寓意富贵，以石榴多籽寓意子孙满堂，以童子戏莲寓意连生贵子。如稷山县出土有金代砖雕折枝莲、瓶栽牡丹、盆栽盘枝石榴；侯马市出土的金代砖雕有鸭戏莲花、束莲、折枝牡丹、缠枝牡丹、折枝秋葵等。这些花卉形象均以高浮雕手法呈现，立体感强，刀法犀利，线条流畅，枝繁叶茂，花朵盛开，形象生动逼真，洋溢着圆满安康的吉祥寓意。

动物类有狮子、鹿、马、羊等，多做奔跑状。狮子多做双狮戏绣球、狮子滚绣球、口衔绣球绶带，寓意喜庆吉祥。如新绛县南范庄金墓出土狮子，装饰华美，身披彩带，颈下带一铃铛，张嘴露齿，嬉戏前后足之间的彩色绣球。稷山县出土的金代高浮雕狮子，则口衔绶带，疾驰飞奔。鹿同禄，象征权贵，口衔绶则寓意仙鹿庆寿。稷山县出土金代砖雕奔鹿，鹿角高耸，口衔绶带，迎风飘散。而金代山羊衔瑞图砖雕，则半浮雕一温顺山羊，奔跑回顾，嘴衔祥瑞，向后飘洒，形成祥云。

5.家居生活类。主要是劳作场景和家具类图案。

劳作场景类图案，有庖厨图、酒器图、舂米图、骑马图、群牛图、汲水图、晒布图、牛磨图、拴马图等。家具或家庭陈设类，包括屏风、桌椅、柜子、箱奁、衣架、妆镜、剪刀、熨斗等，以此表现家庭生活。两类题材所含内容广泛多样，意在从不同的角度展现墓主人生前的生活状态，极富生活情趣和韵味。院藏沁源县段家庄出土的宋代庖厨图砖雕，反映出北方人民蒸制面食的场景；酒器图再现了普通人家饮酒、温酒所用的器具；舂米图展现出人工将稻谷去壳的过程；汲水图反映出北方人取水的方式，妆镜图则为了解古代铜镜的使用方式提供了参照。这些民俗生活画卷对于研究宋金元时期的家庭生活有重要的社会学意义。

6.建筑装饰类。主要有须弥座雕饰和壁面装饰两类。

须弥座雕饰类，包括力士柱，柱间的狮子、羊、莲生童子、飞天仙女等图像。这类题材的砖雕仅出现于晋南金墓中。须弥座作为四壁的基座，加高了墓室，增加了空间，庄重肃穆；其束腰部分饰以瑞兽和花草装饰，以及仙女散花、童子散财、双狮戏绣球等图案，吉祥欢乐，美观大方，相得益彰。

此外，还有一类重要而基本的壁面装饰，即仿木结构建筑部件和元素，包括斗栱、额枋、角柱、飞檐椽、直棂窗、格子门、板门、小龛、灯擎等。格子门窗的格心式样繁多，图案各异，有双交四斜直格眼、龟背纹格眼、双绞龟背纹格眼、方胜格眼、万字纹格眼、套方纹格眼、龟背锦格眼等。仿木构雕砖，结构复杂繁缛，内容多样，精致富丽。

砖雕制作材料来源广泛，易于获取。制作工艺一般都经过采泥、炼泥、制坯、雕刻、烧制等工序。经烧制后，色泽一般呈青色，大多火候均匀，质地细腻，规整坚硬。砖雕制作方法灵活多样，或在烧制好的砖上雕刻，或在砖坯上先雕刻后烧制。另外，还有模制法，戏剧、乐舞类砖雕多用，致使很多形象人物近似，尺寸划一。

砖雕所用雕刻技艺有浮雕、镂雕和圆雕等，其中浮雕应用最为广泛，它以不同的形式及内容布满墓室四壁，无论人物还是花鸟，造型浑厚圆润，层次丰富，生动活泼，栩栩如生。镂雕多用于雕刻枝叶茂密、花朵硕大、仰覆翻卷的牡丹、海棠、莲花等花卉。圆雕除个别镇宅狮子外，主要为二十四孝雕塑群。

山西博物院藏砖雕内容是山西地区宋金元时期商品经济蓬勃发展和市民文化世俗生活的反映，戏曲人物多彩多姿，社火表演红红火火，竹马戏狮载歌载舞，牡丹石榴寓意吉祥，题材多样，蔚为大观，展现出一副生动的历史民俗生活画卷。驻足观瞻，如临其境，就似听到了铿锵有力的鼓声与呐喊，穿越回了那个朴素无华的年代。这批砖雕题材广泛，匠心独具，为研究我国古代建筑、雕塑艺术、戏剧历史、社会经济和民俗文化等各个层面提供了丰富的实物资料。

郭智勇

2020年10月

目录

人物

二十四孝

家居生活

曲艺

八仙

祥瑞

建筑构件

砖雕卷·图版

夫妇对坐

金代（1115~1234年）
高56厘米，宽112厘米，厚4厘米
山西省侯马市出土

夫妇对坐砖雕，由八块砖雕拼合。中间为男、女主人，相向而坐，面朝前方，两人旁边各站立一侍女。男主人头裹软巾，面相方圆，身着团领窄袖袍服，手持经卷，侧坐于靠背椅；女主人头挽发髻，手持念珠，坐于椅上。女主人右侧侍女高挽发髻，身着长裙，足踏弓鞋，双手捧圆镜于胸前；男主人左侧侍女高髻方额，身着长裙，双手持团扇，站立一旁。

夫妇对坐

金代（1115~1234年）
高65厘米，宽65厘米，厚3厘米
山西省稷山县出土

画面为夫妇对坐，由四块砖雕拼合。墓主人夫妇分别坐于方桌左右，中间立一侍者。男主人居左，面庞清瘦，头戴东坡帽，上颌八字胡，下颌山羊胡，身着圆领宽袖长袍，双手隐藏于袖筒之内，端坐圆角靠背椅，足踩矮榻。女主人居右，面部圆润，慈眉善目，头挽高髻，身披交领长衫，手势、坐姿与男主人同。中立侍者只露上半身，头扎襆巾，双目注视男主人，双手持叉手礼。中间方桌设执壶、盏、盏托等物，其下三脚架子上盛放盖罐两个。

夫妇并坐

金代（1115~1234 年）
高 48 厘米，宽 24 厘米，厚 7 厘米
山西省稷山县出土

主题为夫妇并坐，由两块砖雕构成。男主人头裹软巾，面部略长，颌下蓄须，穿圆领长袍，双手插于袖管，成坐姿。女主人头挽高髻，脸庞圆润，慈眉善目，身披对襟长衫，双手拢袖，坐姿端正。两块砖面在人物腰部以下稍微增高，以示坐于一个平面。

妇人启门

金代（1115~1234年）
高44厘米，宽19厘米，厚9厘米
山西省稷山县出土

长方形砖雕。单扇板门，露出四排13个梅花形门钉。门前站立一妇人：头梳发髻，身着对襟长衫，内裹长裙，双手拢于袖中，面容丰满，神态安坦。推测此应该是妇人启门砖雕的一部分。

妇人启门

金代（1115~1234年）
高43厘米，宽35厘米，厚8厘米
山西省稷山县出土

长方形砖雕。两扇板门，各有梅花形门钉五排25个。板门微微开启，有一妇女探出半个身体：高挽发髻，脸庞圆润，身着褙子，内裹长裙，足蹬弓鞋，一手扶门。

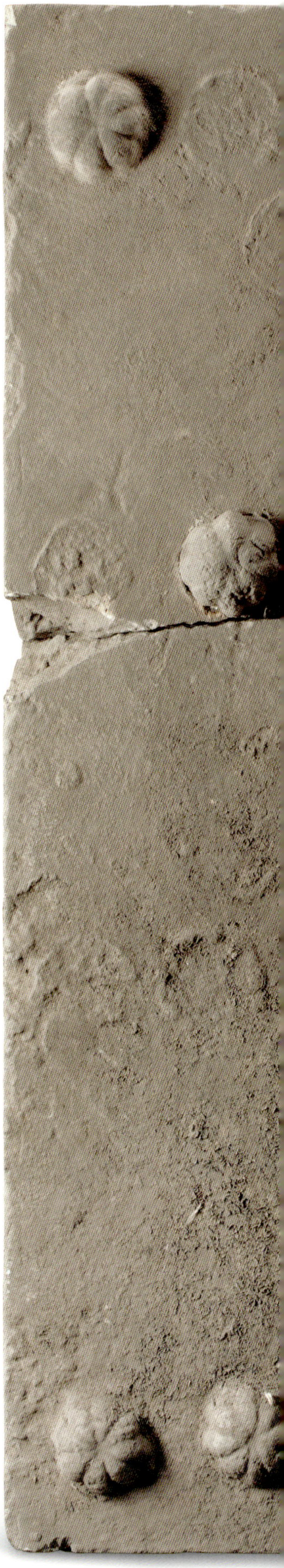

妇人启门

金代（1115~1234 年）
高 44 厘米，宽 34 厘米，厚 8 厘米
山西省稷山县出土

长方形砖雕。两扇长方形门，各有四排梅花形门钉，一侧板门上有一大型柿蒂纹铺首。两门微微开启，一妇人立于门启处：头梳发髻，身着褙子，内裹长裙，双手拢于胸前，身体一侧靠着门边。

妇人启门

金代（1115~1234 年）
高 40 厘米，宽 40 厘米，厚 5 厘米
山西省稷山县出土

两块长方形砖构成一组图案。两扇门上各有四排梅花形门钉，两门中间有相对的柿蒂纹铺首。门前站立一妇人：头挽双髻，身着褙子，内裹长裙，一手曲于身前，另一只手残缺不见。

侍女

金代（1115~1234 年）
高 42 厘米，宽 20 厘米
1965 年山西省侯马市牛村 65H4M102 出土

侍女发饰双辫，圆领束袖长袍。左手持葵花镜，右手抚弄镜钮长绸。

侍童

金代（1115~1234 年）
高 53 厘米，宽 16 厘米
1965 年山西省侯马市牛村 65H4M102 出土

侍童头发中分后梳髻，身着窄袖长袍，腰中系带，叉手而立。

侍从

金代（1115~1234 年）
高 69 厘米，宽 28 厘米，厚 5 厘米
山西省侯马市出土

砖雕上阴刻一侍从形象，头挽高髻，身着交领长裙，腰系丝带，足蹬弓鞋，手持葵花镜，镜钮系丝带。通体施彩绘。

侍从

金代（1115~1234 年）
高 69 厘米，宽 28 厘米，厚 5 厘米
山西省侯马市出土

砖雕上阴刻一侍从形象，头挽高髻，身穿圆领长衫，前垂蔽膝，下身着长裤，脚穿圆鞋。左臂弯曲搭巾，施叉手礼。通体施彩绘。

侍从

金代（1115~1234 年）
高 48.5 厘米，宽 22.5 厘米，厚 15 厘米
2009 年山西省稷山县化肥厂出土

砖上半浮雕一侍从，施彩绘。面容丰满，发上有黑彩，发丝后拢；外套褙子及膝，双臂微曲，双手拢于袖中；脚穿翘脚鞋露于裙外。

侍从

金代（1115~1234 年）
高 47 厘米，宽 22.5 厘米，厚 15 厘米
2009 年山西省稷山县化肥厂出土

砖上半浮雕一侍从，神色安宁，头挽发髻，发上涂黑彩，内衬黄衣，外穿圆领长袍，腰间系带，双脚着黑鞋，施叉手礼，毕恭毕敬。

托花瓶侍女

金代（1115~1234 年）
高 35 厘米，宽 17 厘米，厚 6 厘米
1981 年山西省新绛县南范庄金墓出土

头挽发髻，戴花饰，身穿开襟大袖衫，内穿长裙，双手于右肩处托举一花瓶。

托果品侍女

金代（1115~1234 年）
高 35 厘米，宽 17 厘米，厚 6 厘米
1981 年山西省新绛县南范庄金墓出土

头挽发髻，戴花饰，身穿开襟大袖衫，内穿长裙。左手擎一果盘，右手虚托。

侍女

元代（1271-1368 年）
高 58 厘米，宽 21 厘米，厚 5 厘米
1959 年山西省孝义市下土京出土

立体雕刻一站立侍女，由上下两部分砖雕构成。侍女面容圆润，头梳发髻，身着窄袖束口对襟长裙，裙侧边有飘带下垂，右手持一长柄团扇，竖于胸前；左手在身侧平举。

侍女

元代（1271-1368年）
高48厘米，宽18厘米，厚5.2厘米
1959年山西省孝义市下土京出土

立体雕刻一站立侍女，由上下两部分砖雕组成。侍女头梳发髻，身着窄袖束口对襟长裙，腰系飘带，垂于身侧。右手胸前拿一茶盏，左手托扶。

侍女

元代（1271-1368年）
高48厘米，宽16.5厘米，厚5厘米
1959年山西省孝义市下土京出土

立体雕刻一圆雕站立侍女，由上下两部分组成。侍女面容丰满圆润，头梳发髻，身着红色长裙，双手于胸前捧盒，安然静立。

武士

金代（1115~1234 年）
高 38 厘米，宽 19 厘米
1981 年山西省新绛县南范庄金墓出土

半浮雕武士，全副武装，头戴兜鍪顿项，身着铠甲，外罩战袍，抱肚束带，下着腿裙，叉腿站立，左手挽袍袖，右手执剑，威风凛凛。

武士

金代（1115~1234 年）
高 38 厘米，宽 19 厘米
1981 年山西省新绛县南范庄金墓出土

半浮雕武士，全副武装，头戴兜鍪顿项，身着铠甲，外罩战袍，抱肚束带，下着腿裙，叉腿站立，右手按剑于身侧，威武雄壮。

舜耕历山

金代（1115~1234年）

高18厘米，宽24厘米，厚4.5厘米

1981年山西省新绛县南范庄金墓出土

长方形，砖面内凹成壶门状。一人站立右边，右手持鞭，两头大象正在耕地，天上有飞鸟，地上有野猪。画面为舜耕历山的情景。

《史记·五帝本纪》载："舜，冀州之人也。舜耕历山，渔雷泽，陶河滨，作什器于寿丘，就时于负夏。舜父瞽叟顽，母嚚，弟象傲，皆欲杀舜。舜顺适不失子道，兄弟孝慈。欲杀，不可得；即求，尝在侧。舜年二十以孝闻。三十而帝尧问可用者，四岳咸荐虞舜，曰可。"相传天鉴孝德，舜耕于历山时，有"象为之耕，鸟为之耘。"

鹿乳奉亲

金代（1115~1234 年）
高 18 厘米，宽 24 厘米，厚 4.5 厘米
1981 年山西省新绛县南范庄金墓出土

长方形，砖面内凹成壶门状。最右侧一人身披鹿皮，坐在地上，左边一人骑于马上，中间一人一手抚于马鞍，后面一片树林。画面为春秋时剡子鹿乳奉亲的故事情节。

《全相二十四孝诗选集》载：“周剡子，性至孝。父母年老，俱患双眼，思食鹿乳。剡子顺承亲意，乃衣鹿皮，去深山，入鹿群之中，取鹿乳以供亲。猎者见欲射之。剡子具以情告，乃免。”

噬指痛心

金代（1115~1234 年）
高 18 厘米，宽 24 厘米，厚 4.5 厘米
1981 年山西省新绛县南范庄金墓出土

长方形，砖面内凹成壸门状。一妇人左手放于肩上，右手持拐杖，另一男子向妇人作鞠躬状，一担柴立于一旁。画面为春秋时曾参孝母故事。

《论衡》载：“曾参性至孝，尝出求薪于野，客至其家，欲去，其母愿留。参未到，母以左手搤右臂，参即驰之，问母曰：‘臂何恙？’母曰：‘今客至，搤臂以呼汝耳。’”其母召唤为“搤臂”。《后汉书·周磐传》记载蔡顺母“有客卒至，母望顺不还，乃噬其指，顺即心动，弃薪驰归，跪问其故。母曰：‘有急客来，吾噬指以悟汝耳。’”蔡顺之母用“噬指”召唤，后流传过程中逐渐混淆。

原谷谏父

金代（1115~1234年）
高18厘米，宽24厘米，厚4.5厘米
1981年山西省新绛县南范庄金墓出土

长方形，砖面内凹成壶门状。左边一壮年男子人立于一旁，中间一小孩拖着一简易车子，车上坐一老者。画面为原谷谏父的故事。

《太平御览》卷五百一十九引《孝子传》："原谷者不知何许人。祖年老，父母厌患之，意欲弃去。谷年十五，泣泣苦谏，父母不从，乃作舆舁弃之。谷乃随，收舆归。父谓之曰：'尔焉用此凶具？'谷乃曰：'恐后父老，不能更作，得是以取之耳。'父感愧惧，乃载祖归侍养。"

单衣顺母

金代（1115~1234年）
高18厘米，宽24厘米，厚4.5厘米
1981年山西省新绛县南范庄金墓出土

长方形，砖面内凹成壶门状。一男子立于左侧，旁边一小孩向男子弯腰诉说，后面有两个小孩哭泣，最右边有一妇人也做哭泣状。画面内容为春秋闵子骞芦衣顺母的情景。

《太平御览》载："闵损，字子骞……早失母，后母遇之甚苦。损衣皆藁枲为絮，其子则棉纩重厚。父使损御。冬寒失辔。后母子御则不然，父怒诘之，损默而已。后视二子衣，乃知其故。将欲遣妻，谏曰：'大人有一寒子，犹尚垂心，若遣母有二寒子也。'父感其言，乃止。"

舍子救侄

金代（1115~1234年）
高18厘米，宽24厘米，厚4.5厘米
1981年山西省新绛县南范庄金墓出土

长方形，砖面内凹成壶门状。一妇人一手抱一小孩，一手领一小孩，立于马前，马上坐一男子，另一男子扛旗立于马后。画面为春秋鲁义姑舍子救侄的故事。

《列女传·鲁义姑娣》载有鲁义姑故事：鲁义姑姊者，鲁野之妇人也。齐攻鲁至郊，望见一妇人，抱一儿，携一儿而行，军且及之，弃其所抱，抱其所携而走于山，儿随而啼，妇人遂行不顾。齐将问儿曰："走者尔母耶？"曰："是也。""母所抱者谁也？"曰："不知也。"齐将乃追之，军士引弓将射之，曰："止，不止，吾将射尔。"妇人乃还。齐将问所抱者谁也，所弃者谁也。对曰："所抱者妾兄之子也，所弃者妾之子也。见军之至，力不能两护，故弃妾之子。"齐将曰："子之于母，其亲爱也，痛甚于心，今释之，而反抱兄之子，何也？"妇人曰："己之子，私爱也。兄之子，公义也。夫背公义而向私爱，亡兄子而存妾子，幸而得幸，则鲁君不吾畜，大夫不吾养，庶民国人不吾与也。夫如是，则胁肩无所容，而累足无所履也。子虽痛乎，独谓义何?故忍弃子而行义，不能无义而视鲁国。"于是齐将按兵而止，使人言于齐君曰："鲁未可伐也。乃至于境，山泽之妇人耳，犹知持节行义，不以私害公，而况于朝臣士大夫乎!请还。"齐君许之。鲁君闻之，赐妇人束帛百端，号曰义姑姊。

拾葚供亲

金代（1115~1234 年）
高 18 厘米，宽 24 厘米，厚 4.5 厘米
1981 年山西省新绛县南范庄金墓出土

长方形，砖面内凹成壶门状。左边一男子右脚前抬，弯腰站立，旁边放竹篮，一军官状人坐在案子上，手指男子，旁边有一士兵站立。画面为汉代蔡顺拾椹孝母的故事。

《广事类赋》卷一六："后汉蔡顺，当王莽末，大荒。顺拾椹，以异器盛之，赤眉贼见而问之。顺曰：'黑者奉母，白者自食'，贼知其孝，乃遗米、肉放之。"

埋儿孝母

金代（1115~1234 年）
高 18 厘米，宽 24 厘米，厚 4.5 厘米
1981 年山西省新绛县南范庄金墓出土

长方形，砖面内凹成壶门状。左边一男子一手持锹，旁边一妇人抱一幼儿。画面为汉代郭巨埋儿的故事。

《搜神记》载："郭巨，隆虑人也，一云河内温人。兄弟三人，早丧父。礼毕，二弟求分。以钱二千万，二弟各取千万。巨独与母居客舍，夫妇佣赁，以给供养。居有顷，妻产男。巨念与儿妨事亲，一也；老人得食，喜分儿孙，减馔，二也；乃于野凿地，欲埋儿。得石盖，下有黄金一釜，中有丹书，曰：'孝子郭巨，黄金一釜，以用赐汝。'于是名震天下。"

挨杖伤老

金代（1115~1234 年）
高 18 厘米，宽 24 厘米，厚 4.5 厘米
1981 年山西省新绛县南范庄金墓出土

长方形，砖面内凹成壶门状。右边一老妇人坐在案几上，一手持杖，一男子站在老妇面前。画面为汉代韩伯俞泣笞伤母的孝行故事。

《说苑·建本》称："伯俞有过，其母笞之，泣，其母曰：'他日笞子未尝见泣，今泣何也？'对曰：'他日俞得罪，笞尝痛，今母之力不能痛，是以泣。'"

哭竹生笋

金代（1115~1234 年）
高 18 厘米，宽 24 厘米，厚 4.5 厘米
1981 年山西省新绛县南范庄金墓出土

长方形，砖面内凹成壶门状。一人跪在树旁，掩面哭泣，前面有竹笋长出。画面为三国时孟宗为母泣竹的故事。

《三国志·吴书·孙皓传》裴注引《楚国先贤传》云："宗母嗜笋，冬节将至，时笋尚未生。宗入竹林哀叹，而笋为之出，得以供母，皆以至孝之所致感。"

卖子孝亲

金代（1115~1234年）
高18厘米，宽24厘米，厚4.5厘米
1981年山西省新绛县南范庄金墓出土

长方形，砖面内凹成壶门状。上刻“刘明达”三字，左侧一骑马者，怀抱一小孩，向前行走，右侧一女子正在后面追赶。画面为刘明达卖子行孝的故事。

刘明达家贫，孩子又夺母之食，老母日渐消瘦，无奈之下，刘明达遂将孩子卖给路过的王将军。妻子见儿被卖，连声呼唤，肝肠寸断，自杀身亡。该故事时代和出处不详，但在戏曲故事中流传。王实甫撰有《刘明达卖子孝母》（又名《贤孝士明达卖子》）杂剧。

田真哭荆

金代（1115~1234 年）
高 18 厘米，宽 24 厘米，厚 4.5 厘米
1981 年山西省新绛县南范庄金墓出土

长方形，砖面内凹成壸门状。左侧一人立于树下，双手拢袖，右侧一人低头拱手，中间一人一手指树，面向右侧，似在训诫。画面为田真兄弟哭活紫荆树的故事。

《续齐谐记》载：京兆田真兄弟三人，共议分财，生资皆平均，唯堂前一株紫荆树，共议欲破三片。翌日就截之，其树即枯死，状如火燃。真往见之，大愕，谓诸弟曰："树本同株，闻将分斫，固憔悴，是人不如木也。"因悲不自胜，不复解树，树应声荣茂，兄弟相感，遂为孝门。

扼虎救父

金代（1115~1234 年）
高 18 厘米，宽 24 厘米，厚 4.5 厘米
1981 年山西省新绛县南范庄金墓出土

长方形，砖面内凹成壶门状。左侧一女子骑于虎背之上，右侧一男子侧身躲藏。画面为晋朝杨香打虎救父的故事。

南朝宋刘敬叔《异苑》曰：“顺阳南乡杨丰，与息名香于田获粟，为虎所噬。香年十四，手无寸刃，直搤虎颈，丰遂得免。香以诚孝至感，猛兽为之逡巡。太守平昌孟肇之赐袋之谷，旌其门闾焉。”

刻木事亲

金代（1115~1234年）
高18厘米，宽24厘米，厚4.5厘米
1981年山西省新绛县南范庄金墓出土

长方形，砖面内凹成壶门状。一老妇人盘腿坐在高椅上，右侧一妇人，双手相交于腹部，恭谨站立，左侧一男子，双手握于胸前，恭谨侍立于旁。画面为汉代丁兰刻木奉亲的故事。

孙盛《逸士传》谓："丁兰，河内人，少丧考妣，不及供养，及刻木为人，仿佛亲形，事之若生，朝夕定省。"

卖身葬父

金代（1115~1234 年）

高 18 厘米，宽 24 厘米，厚 4.5 厘米

1981 年山西省新绛县南范庄金墓出土

长方形，砖面内凹成壶门状。左侧一男子双手拱于胸前侧身站立，右侧一仙女身披彩衣彩带正面站立，脚下有祥云。画面为汉董永卖身葬父的故事。

《蒙求集注》载："汉董永，少失母，独养父。至农月以小车推父置田头荫树下而营作。父死，就主人贷钱一万，约卖身为奴，遂得钱葬。还于路，忽遇一妇人，姿容端美，求为永妻。永与俱诣，主人令永妻织缣三百匹放汝夫妻。乃织一月而毕，主人怪其速，遂放之。相随至旧遇处辞永曰：'我天之织女也，缘君至孝，天帝令助君偿债。'言讫，凌空而去。"

涌泉跃鲤

金代（1115~1234 年）
高 18 厘米，宽 24 厘米，厚 4.5 厘米
1981 年山西省新绛县南范庄金墓出土

长方形，砖面内凹成壶门状。正中一老妇人拱手而坐，前面为长方形桌案，桌上放置食物。左侧一女子，双手交于前腹站立于旁，右侧一男子双手拱于胸前站立在桌旁。画面为汉姜诗夫妇孝顺母亲的故事。

《全相二十四孝诗选集》收录：汉姜诗，事母至孝；妻庞氏，奉姑尤谨。母性好饮江水，去舍六七里，妻出汲以奉之；又嗜鱼脍，夫妇常作；又不能独食，召邻母共食。舍侧忽有涌泉，味如江水，日跃双鲤，取以供。

怀橘遗亲

金代（1115~1234 年）
高 18 厘米，宽 24 厘米，厚 4.5 厘米
1981 年山西省新绛县南范庄金墓出土

长方形，砖面内凹成壶门状。右侧一男子坐于树下，一手指着左侧小孩，小孩在树下，弯腰拱手面向男子。画面为后汉陆绩在袁术家怀橘遗亲的故事。

《三国志·吴书·陆绩传》曰："陆绩，字公纪，吴郡吴人也。父康，汉末为庐江太守。绩年六岁，于九江见袁术，术出橘，绩怀三枚，去，拜辞坠地。术谓曰：'陆郎作客而怀橘乎？'绩跪答曰：'欲归遗母。'术大奇之。"

卧冰求鱼

金代（1115~1234 年）
高 18 厘米，宽 24 厘米，厚 4.5 厘米
1981 年山西省新绛县南范庄金墓出土

长方形，砖面内凹成壶门状。右下方一男子袒身斜卧于冰面上，左上有夫妇二人，旁边有罐子、树石等。画面为晋王祥卧冰求鲤的故事。

《晋书·王祥传》云："祥，字休徵，琅琊临沂人，汉谏议大夫吉之后也。祖仁，青州刺史。父融，公府辟不就。祥性至孝……父母有疾，衣不解带，汤药必亲尝。母常欲生鱼，时天寒冰冻，祥解衣将剖冰求之，冰忽自解，双鲤跃出，持之而归。"

割股奉亲

金代（1115~1234年）
高18厘米，宽24厘米，厚4.5厘米
1981年山西省新绛县南范庄金墓出土

长方形，砖面内凹成壶门状。画面有两个场景，右边为屋外，一女子坐在地上，以刀割股。左边为屋内，一老妇人坐在床上，旁边一女子双手奉羹于老妇人前。画面正中上方有"王武子"三字，为孝行故事中的王武子妻割股奉亲的故事。

王武子为河阳人，唐开元年间征涉湖州，十年不归。新妇至孝，家贫，日夜以织履为计，王武子母病，非食人肉不能治愈，王武子妻遂割股为羹，使姑婆之病，立得痊愈。此故事未查到确切出处，但广为流传。

乞养双亲

金代（1115~1234 年）
高 18 厘米，宽 24 厘米，厚 4.5 厘米
1981 年山西省新绛县南范庄金墓出土

长方形，砖面内凹成壶门状。左侧一男子跪在地上，双手上举，做舞蹈状。右侧有一长方形桌案，一对夫妇坐在桌案后，观看男子表演。画面内容是唐杨乙使父母欢愉的场景。

《百孝图》云："杨乙，唐时圩桥人也，家无恒产，室如悬磬，专赖行乞以养父母，每日乞得之饮食，必携归事亲……如有酒时，则必双膝跪地，双手捧进。"

舍己救弟

金代（1115~1234 年）
高 18 厘米，宽 24 厘米，厚 4.5 厘米
1981 年山西省新绛县南范庄金墓出土

长方形，砖面内凹成壶门状。左侧一全身盔甲的男子坐在凳上，侧旁站立一持武器的士兵。一男子双手拱于胸前，弯腰向将军诉说，另一男子，站在其身后。画面为汉赵孝救弟争死的故事。

《后汉书·赵孝传》："赵孝字长平，沛国蕲人也。……及天下乱，人相食。孝弟礼为恶贼所得。孝闻之，即自缚诣曰：'礼久饿羸瘦，不如孝肥饱。'贼大惊，并放之，谓曰：'可且归，更持米糒来。'孝求不能得，复往报贼，愿就亨。众异之，遂不害。"

哭江寻父

金代（1115~1234年）
高18厘米，宽24厘米，厚4.5厘米
1981年山西省新绛县南范庄金墓出土

长方形，砖面内凹成壶门状。江面涛涛，一女子长袖掩面哭泣，手中拄杖，站于江边。画面为孝女曹娥在江边哭父的故事。

《后汉书·列女传》："孝女曹娥者，会稽上虞人也。父盱，能弦歌，为巫祝。汉安二年五月五日，于县江溯涛婆娑迎神，溺死，不得尸骸，娥年十四，乃沿江号哭，昼夜不绝声，旬有七日，遂投江而死。至元嘉元年，县令度尚改葬娥于江南道傍，为立碑焉。"

泽中哭堇

金代（1115~1234 年）
高 18 厘米，宽 24 厘米，厚 4.5 厘米
1981 年山西省新绛县南范庄金墓出土

长方形，砖面内凹成壸门状。左侧一男子躬身站立，双手上举，右侧一天神模样人，脚蹬祥云，右手拿一物，递给地上男子。画面为晋人刘殷泽中哭堇的故事。

《太平御览》："刘殷字长盛，新兴人也。殷七岁丧父，哀毁过礼，服丧三年，未曾见齿。曾祖母王氏，盛冬思堇而不言，食不饱者一旬矣。殷怪而问之，王言其故。殷时年九岁，乃于泽中恸哭，曰：'殷罪衅深重，幼丁艰罚，王母在堂，无旬月之养。殷为人子，而所思无获，皇天后土，愿垂哀愍。'声不绝者半日，于是忽若有人云：'止，止声。'殷收泪视地，便有堇生焉，因得斛余而归，食而不减，至时堇生乃尽。"

贼营救母

金代（1115~1234 年）
高 18 厘米，宽 24 厘米，厚 4.5 厘米
1981 年山西省新绛县南范庄金墓出土

长方形，砖面内凹成壶门状。一男子坐在中间，左侧一士兵手握兵器站在一旁。右侧一男子背着一老妇人。画面为汉末鲍出击贼救母的故事。

《三国志·魏书十八·阎温传》裴松之注引《魏略·勇侠传》：鲍出字文才，京兆新丰人也。少游侠。兴平中，三辅乱，出与老母兄弟五人家居本县，以饥饿，留其母守舍，相将行采蓬实，合得数升，使其二兄初、雅及其弟成持归，为母作食，独与小弟在后采蓬。初等到家，而啖人贼数十人已略其母，以绳贯其手掌，驱去。初等怖恐，不敢追逐。须臾，出从后到，知母为贼所略，欲追贼。兄弟皆云："贼众，当如何？"出怒曰："有母而使贼贯其手，将去煮啖之，用活何为？"乃攘臂结衽独追之，行数里及贼。贼望见出，乃共布列待之。出到，回从一头斫贼四五人。贼走，复合聚围出，出跳越围斫之，又杀十馀人。时贼分布，驱出母前去。贼连击出，不胜，乃走与前辈合。出复追击之，还见其母与比舍妪同贯相连，出遂复奋击贼。贼问出曰："卿欲何得？"出责数贼，指其母以示之，贼乃解还出母。比舍妪独不解，遥望出求哀。出复斫贼，贼谓出曰："已还卿母，何为不止？"出又指求哀妪："此我嫂也。"贼复解还之。出得母还，遂相扶侍，客南阳。

庖厨

宋代（1115~1234 年）
高 33 厘米，宽 32 厘米，厚 6 厘米
2005 年山西省沁源县段家庄出土

砖近方形，砖面内凹成壶门状。一厨娘半蹲于灶前，左手持一食物，右手正在拨弄灶火，灶上叠摞五层笼屉形炊具。画面反映了北方蒸制面食的场景。宋金时期，厨娘是一种流行职业，要求从业女性不仅手艺精湛，还得风姿卓雅。

酒器

宋代（1115~1234 年）
高 33 厘米，宽 32 厘米，厚 6 厘米
2005 年山西省沁源县段家庄出土

砖近方形，砖面内凹成壶门状。四方形桌上摆一只酒壶和一摞酒碗，酒壶放置在温碗中。

酒在中国人的饮食生活中占有重要地位，自先秦以来，历朝历代都有独特的酒文化。这套酒具再现了宋金时期普通人家饮酒所用器具的具体情形。

舂米

宋代（1115~1234年）
高33厘米，宽32厘米，厚6厘米
2005年山西省沁源县段家庄出土

砖近方形，砖面内凹成壶门状。一男子正在用杵臼等整套工具舂米，旁边还有簸箕等备用工具。舂米就是人工将稻谷去壳的过程。

群牛

宋代（1115~1234年）
高33厘米，宽32厘米，厚6厘米
2005年山西省沁源县段家庄出土

砖近方形，砖面内凹成壶门状。画面中共有四头牛，朝向一致，相互依偎。最前面一头牛蹄抬起，为运动状，第四头牛仅见后半身，牛头隐藏在别的牛后。

女工

宋代（1115~1234 年）
高 33 厘米，宽 32 厘米，厚 6 厘米
2005 年山西省沁源县段家庄出土

砖近方形，砖面内凹成壶门状。画面摆放熨斗、剪刀、水盂等成衣工具。在古代，从事纺织、缝纫、刺绣等工作的女性统称为女工。此图形象描绘了宋金时期人们加工衣服所用的工具。

汲水

宋代（1115~1234 年）
高 33 厘米，宽 32 厘米，厚 6 厘米
2005 年山西省沁源县段家庄出土

砖近方形，砖面内凹成壶门状。一妇人着襦裙，立于井边，手摇辘轳，正在从井中汲水。用辘轳从井中打水，是中国北方常见的取水方式。

辘轳是从杠杆演变来的汲水工具。辘轳井是一种安装在井上的绞架式起重装置，人们摇动曲柄，缠在辘轳上的粗绳则绕紧或松开，水桶亦因之吊上或放下，用以取水。

妆镜

宋代（1115~1234 年）
高 33 厘米，宽 32 厘米，厚 6 厘米
2005 年山西省沁源县段家庄出土

砖近方形，砖面内凹成壶门状。在带有简单装饰的木架上悬挂一面铜镜，这种悬挂固定的方式为古代铜镜的使用方式提供了实证依据。

晒布

宋代（1115~1234 年）
高 33 厘米，宽 32 厘米，厚 6 厘米
2005 年山西省沁源县段家庄出土

砖近方形，砖面内凹成壶门状。一架杆上下两层都挂着纺织品进行晾晒。金代棉纺织业和印染技术已经达到相当高的水平，在山西省大同市金墓出土了大定二十四年（1184年）的棉布袜，工艺非常精良。

家具

宋代（1115~1234 年）
高 33 厘米，宽 32 厘米，厚 6 厘米
2005 年山西省沁源县段家庄出土

砖近方形，砖面内凹成壶门状。画面所表现的为厅堂家具，包括一张四腿桌案、两把高脚靠椅。这属典型的高型家具，风格简单，桌椅之后悬幔帐。

宋金时期的家具发展承前启后，主要表现为：垂足而坐的椅、凳等高脚坐具普及民间；以框架结构为基本形式的家具结构得以确立；家具在室内的布置有了一定的格局。

牛磨

宋代（1115~1234 年）
高 33 厘米，宽 32 厘米，厚 6 厘米
2005 年山西省沁源县段家庄出土

砖近方形，砖面内凹成壶门状。一头牛正在拉磨，作转动状；牛一侧为碾子、磨盘。碾子位于四根横木搭成的方形框架内，框架一端与牛套搭配。此砖雕生动再现牛拉磨加工谷物的场景。

拴马

宋代（1115~1234 年）
高 33 厘米，宽 32 厘米，厚 6 厘米
2005 年山西省沁源县段家庄出土

砖近方形，砖面内凹成壶门状。画面中，拴马桩上拴着一匹马，拴马桩在马左后方，马头回转，左侧蹄子向前抬起。

骑马

宋代（1115~1234年）
高33厘米，宽32厘米，厚6厘米
2005年山西省沁源县段家庄出土

砖近方形，砖面内凹成壶门状。一男子端坐马上，正在前行，马右前腿抬起，颇具动感。

副末色

金代（1115~1234年）
高50厘米，宽20厘米
2009年山西省稷山县化肥厂出土

头戴黑色翘角幞头，身着圆领窄袖长衫，衣服上有白色圆圈装饰，腰中系黑色腰带，上有红色装饰图案。左手握右手于胸前，双足着黑色鞋。

装孤色

金代（1115~1234年）
高50厘米，宽20厘米
2009年山西省稷山县化肥厂出土

头戴黑色长脚幞头，内套黄色里衫，外穿圆领窄袖及地长衫；腰束带，带上有装饰物。双臂抬起，左手握住右手于胸前。

副净色

金代（1115~1234 年）
高 50 厘米，宽 20 厘米
2009 年山西省稷山县化肥厂出土

头戴黑边平顶帽，身穿对襟窄袖衫，衣襟敞开露出胸膛，下着长裤，外罩长裙，腰系围裙，脚穿黑色尖角鞋。双臂曲抬，双手拢袖。眼部和嘴部黑色描绘，为一丑角的脸谱扮相。

末泥色

金代（1115~1234 年）
高 50 厘米，宽 20 厘米
2009 年山西省稷山县化肥厂出土

头戴黑色短脚幞头，外穿圆领窄袖长衫，腰系橙黄色带，足着黑色鞋。双手交叠于胸前。嘴唇上描出黑色八字胡，应为杂剧中的末泥色人物形象。

杂剧人物

金代（1115~1234年）
高31厘米，宽30厘米，厚4厘米
2009年山西省稷山县化肥厂出土

砖雕上有三人，画面左边第一人为末泥，头戴介帻，身穿圆领窄袖衫，腿着长裤，脚蹬靴，整个身体向右转；中间为副净，头裹独脚浑裹，着敞领无袖长衫，腰束带，光腿，脚着鞋，右手捂胸，左手拉住后面一人的耳朵。第三人头戴短脚幞头，左衽长衫，宽袖，腰束带，双手拢于袖内，光腿，脚着靴，被前一人揪住右耳弯腿前行。

杂剧人物

金代（1115~1234 年）
高 31 厘米，宽 30 厘米，厚 4 厘米
2009 年山西省稷山县化肥厂出土

砖雕上有三人。左一为装旦，头挽发髻，身穿长衫，下着及地长裙，手持团扇；中间为装孤，头戴长角幞头，身着圆领宽袖长袍，双手秉笏，脚着靴；右一为副末，头戴进贤冠，身着圆领窄袖长袍，腰系带，手举大棒，脚穿靴，整个身体向右倾转，似为后顾。

末泥色

金代（1115~1234 年）
高 73 厘米，宽 22 厘米，厚 13 厘米
1979 年山西省稷山县苗圃 M1 出土

头戴无脚幞头，身着圆领窄袖长袍，腰束带。双手插于袖管中，面带笑意。

副净色

金代（1115~1234年）
高66厘米，宽26厘米，厚17.5厘米
1979年山西省稷山县苗圃M1出土

头戴牛耳幞头，加抹额，身着左衽衫，袒腹露胸。左手当胸，掌心朝外，右臂下垂，衣袖长及膝盖，顿首含笑，面目滑稽。

副末色

金代（1115~1234 年）
高 72 厘米，宽 23 厘米，厚 15 厘米
1979 年山西省稷山县苗圃 M1 出土

头戴无脚幞头，身穿圆领窄袖长袍，腰束带，衣服前襟掖到腰带里。双臂曲于身前，右手残缺，左手食指和中指并拢竖起，装束颇似仆吏。

装孤色

金代（1115~1234年）
高66厘米，宽24厘米，厚15厘米
1979年山西省稷山县苗圃M1出土

头戴翘脚幞头，直脚已脱落；身穿圆领宽袖长袍，束腰带。双手执笏板，竖于胸前，装扮为官员。

杂剧——副净色头像

金代（1115~1234 年）
高 12 厘米，宽 8.5 厘米，厚 7 厘米
1978 年山西省稷山县马村 M1 出土

戴乌角巾，疏眉隆鼻，下颏方正，墨绘须髯。双目微合，似若有所思。

杂剧——副净色头像

金代（1115~1234 年）
高 11.5 厘米，宽 9.5 厘米，厚 6.5 厘米
1978 年山西省稷山县马村 M1 出土

头戴诨裹，窄额翘鼻，面部粉妆，遍涂白粉，双眼处由上向下各斜抹一道墨线，还画了一个乌嘴，装束与化妆颇为滑稽。

墓葬戏台模型

墓葬戏台模型

金代（1115~1234年）

1959年山西省侯马市牛村董明墓出土

1959年在山西省侯马市发掘一批金代墓葬，其中两座墓室刻有“大金国大安二年”（1210年）的题记。墓室北壁堂屋檐上雕有一座戏台模型，台上有五人正在表演。左一为副净色，头戴黑色直角幞头，身着圆领束袖长衫，腰间束带；左手置于胸前，伸出食指与中指指着胸口，右手握有一类似书卷状物体置于腰间，足蹬靴子。左二为副末色，头戴黑色无脚幞头，身穿圆领窄袖长衫，腰系黄色腰带，衣角掖在腰间；右手握拳置于腰间，头部向右微倾，视线向下。最中间为装孤色，头戴黑色长脚幞头，身着红色圆领大袖长袍，内搭黄色衬衫，腰间束带，脚蹬黑靴；双手执一笏板于胸前。依其装扮为地位显赫的官员。右二为装旦色，面容秀丽，戴黑色短脚幞头，身着红色圆领窄袖长袍，腰系黄色巾帕，下身为红色长裤；左手置于腹部，右部执一扇子搭在左肩上，眼睛直视前方，身体微向右倾，左脚在前，右脚在后，姿态优雅生动。右一为副末色，身材矮小，软巾诨裹，着墨绿花纹宽袖短衫，袒露胸膛，下身着红色长裤，脚蹬黑色长靴；面部有妆容，鼻梁上用白色粉涂作三角形，眼眉化成夸张的黑色，脸颊两侧各涂一团黑。左手抱一木棒，右手拇指与食指伸入口中打口哨，一个十足的市井形象。这五个砖雕戏俑，色彩艳丽，雕工精细，出土后引起了戏曲史学界的强烈反响，是金代戏曲砖雕中的代表作。

杂剧人物

金代（1115~1234 年）
高 44.5 厘米，宽 20 厘米，厚 6 厘米
山西省稷山县东段金墓出土

杂剧人物，头戴高冠帽，身着长袍。两臂曲于身前，左手上，右手残缺，似在讲述。

杂剧人物

金代（1115~1234 年）
高 44.5 厘米，宽 21.5 厘米，厚 5 厘米
山西省稷山县东段金墓出土

杂剧中人物，头戴“夜蛾”冠，身着窄袖长衫，腰裹“绣锦”。左手于胸前执一物，右手食指和大拇指伸入口内，似吹哨子。形象滑稽，似为市井纨绔子弟。

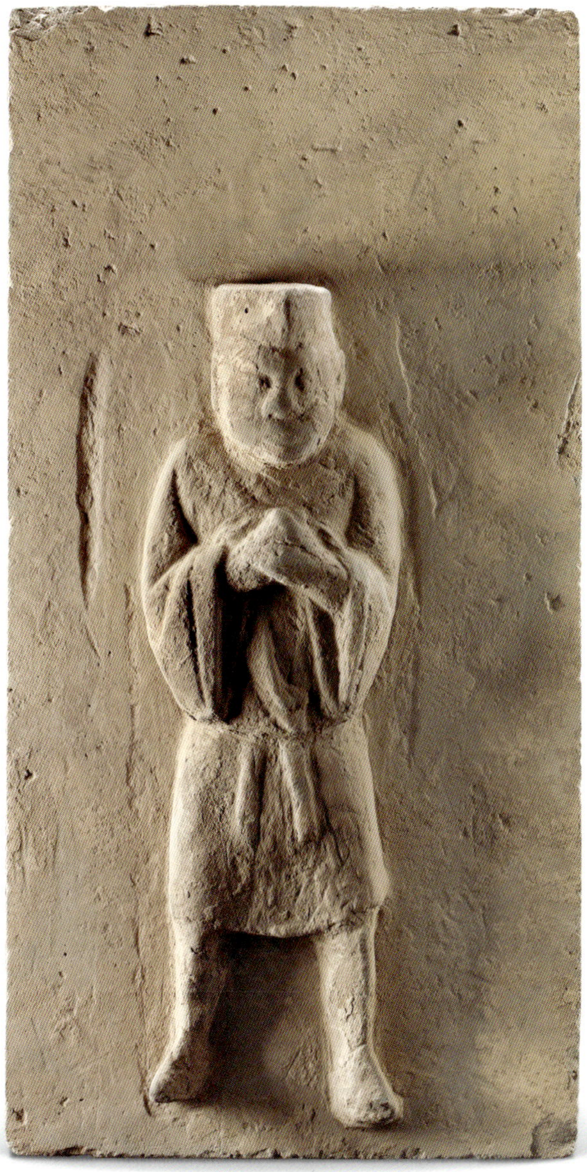

杂剧人物

金代（1115~1234 年）
高 44.5 厘米，宽 23 厘米，厚 6.5 厘米
山西省稷山县东段金墓出土

杂剧中人物，头裹桃形巾，身穿宽袖及膝长衫，腰带系扣后垂于腹部。双手抱拳，揖于胸前。

杂剧人物

金代（1115~1234 年）
高 44.5 厘米，宽 21.5 厘米，厚 6.5 厘米
山西省稷山县东段金墓出土

杂剧中人物，为装旦色，头戴幞头，身穿长裙。左手拿一面圆镜置于胸前，右手于腰间轻拽长裙。

杂剧人物

元代（1271~1368 年）
高 28 厘米，宽 14 厘米，厚 2.5 厘米
山西省稷山县店头元墓出土

头戴幞头，身着窄袖长袍，腰间系丝带。双手持刀，斜举于胸前。

杂剧舞人

元代（1271~1368 年）
高 27.4 厘米，宽 14 厘米，厚 2.7 厘米
山西省稷山县店头元墓出土

头戴华冠，衣着华丽有装饰，腰系华带，着半身裙。应为一舞者，正侧身舞动：左腿直立，右腿微弯，脚跟稍抬，左手向后搭于腰上，右手拢于嘴边，似在吹哨。

杂剧舞人

元代（1271~1368 年）
高 26 厘米，宽 12 厘米，厚 4 厘米
山西省稷山县店头元墓出土

头戴花冠，身穿长裙；左手拿一圆扇，搭于右肩上，右手搭于前腹处，身体似正随音乐舞动。

杂剧舞人

元代（1271~1368 年）
高 27.5 厘米，宽 15.6 厘米，厚 3 厘米
山西省稷山县店头元墓出土

头戴花冠，身穿窄袖上衣，长裤外搭半裙，外罩长披风。拱手曲膝，似随乐起舞。

杂剧人物

元代（1271~1368 年）
高 30 厘米，宽 14 厘米，厚 4 厘米
山西省新绛县寨里元墓出土

头戴冠，身着圆领长袍，足蹬靴，右手握一芭蕉扇于胸前，左手弯曲搭于腹部。

杂剧人物

元代（1271~1368 年）
高 30 厘米，宽 14 厘米，厚 4 厘米
山西省新绛县寨里元墓出土

头戴冠，身着红色圆领长衫，足蹬靴。双手揖于胸前。

杂剧人物

元代（1271~1368年）
高30厘米，宽14厘米，厚4厘米
山西省新绛县寨里元墓出土

头戴黑色展脚幞头，身穿圆领宽袖长衫，足蹬靴。双手似持笏板。

杂剧人物

元代（1271~1368 年）
高 30 厘米，宽 14 厘米，厚 4 厘米
山西省新绛县寨里元墓出土

头戴介帻，身着圆领长袍，腰系带，长衫内罩红色裙子，足蹬红靴。右手拿一小芭蕉扇，左手自然垂于身侧。

杂剧人物

元代（1271~1368 年）
高 30 厘米，宽 14 厘米，厚 4 厘米
山西省新绛县寨里元墓出土

头戴冠，身穿圆领长袍，腰系彩带，足穿高靴。双手持笏于胸前。

竹马戏——对战

金代（1115~1234 年）

高 19 厘米，宽 39 厘米，厚 4.7 厘米

1965 年山西省侯马市牛村 65H4M102 出土

四童子骑竹马对战戏。四童子皆着紧身衣裤，足着筒靴，头饰或挽髻，或扎巾。前排两童子，头左尾右，左边一童子右手持锏，左手持盾抵挡，右边一童子双手持矛刺击。后排两童子战马相向与前排相反，左边童子举剑奋战，右边童子回身持盾牌挡剑。

竹马戏——对战

金代（1115~1234 年）
高 19 厘米，宽 39 厘米，厚 5 厘米
1965 年山西省侯马市牛村 65H4M102 出土

四童子各骑竹马打仗，将士皆头裹软巾，身着紧身衣裤，足蹬软靴，颈部系巾。右边两童子持盾扛刀作败逃状，左边两童子分持槊、矛，紧紧追赶。

竹马戏——对战

金代（1115~1234 年）

高 19 厘米，宽 39 厘米，厚 5 厘米

1965 年山西省侯马市牛村 65H4M102 出土

四童子骑竹马对战戏。左后一童子双手各持一面三角旗，似在指挥作战；其余三童子各执槊、矛，战在一处。

竹马戏——对战

金代（1115~1234 年）
高 19 厘米，宽 39 厘米，厚 5 厘米
1965 年山西省侯马市牛村 65H4M102 出土

四童子各骑竹马作打仗戏。四童子均身着紧身衣裤，三童头裹英雄巾，一童戴瓦楞帽。各执矛、槊，一童还持盾牌。四童子分为两伙，似右二人败退，左二人追击，胜负可分。

士马交战

金代（1115~1234年）
高30厘米，宽28厘米，厚5厘米
1965年山西省侯马市牛村65H4M102出土

童子装扮成武士状，头裹武士巾，足蹬软靴，身着紧身衣裤，持刀回望，纵马奔腾。

士马交战

金代（1115~1234 年）
高 30 厘米，宽 28 厘米，厚 5 厘米
1965 年山西省侯马市牛村 65H4M102 出土

童子扮作武士状，头裹软巾，身着铠甲，足蹬马靴，一手持鞭，一手持盾，骑马奔驰中，似回身抵挡。

士马交战

金代（1115~1234 年）
高 30 厘米，宽 28 厘米，厚 5 厘米
1965 年山西省侯马市牛村 65H4M102 出土

童子装扮成武士状，头裹武士巾，身着紧身衣裤，足蹬软靴。上身前倾，欲奋力挥刀欲砍，纵马奔腾，拟紧追逃兵。

社火表演——蛮牌舞

金代（1115~1234年）
高19厘米，宽28厘米，厚4.5厘米
1965年山西省侯马市牛村65H4M102出土

两童子，一挽髻，一饰辫，均戴项圈，上身赤膊，下着紧裤，腰束彩带。一童左手持槊，另一童双手捧物，两人相背而舞。蛮牌舞为宋金时期的一种社火表演形式，表演者相互斗舞对打。

社火表演——蛮牌舞

金代（1115~1234年）
高19厘米，宽28厘米，厚4.5厘米
1965年山西省侯马市牛村65H4M102出土

两童子头挽发髻，身披彩带，颈带项圈。各执一条状方形道具，载歌载舞。

社火表演——乔夫人

金代（1115~1234年）
高19厘米，宽39厘米，厚5厘米
1965年山西省侯马市牛村65H4M102出土

左二为一乔妇人形象，头披发，下系罗裙，上着对襟长袖衣，两手抚甩，似踏步而舞。其余四人皆为童子模样：一持小摇鼓，一持拍板；一肩扛长柄绸伞；一人肩扛方形物。四个童子围绕妇人，翩然起舞。乔妇人是在社火表演中一男子乔装扮成妇人，扭捏作态，其他人围着他唱闹嬉戏。

社火表演——瓜田乐

金代（1115~1234 年）
高 19 厘米，宽 39 厘米，厚 5 厘米
1965 年山西省侯马市牛村 65H4M102 出土

共雕五位童子。中间童子头戴幞头，肩扛巨形大瓜，一头还有瓜叶，一腿起立，一腿蜷起。其余四童子，一挎腰鼓，一吹横笛，另二人敲锣，翩翩起舞，庆贺丰收，场面欢快热烈。

社火表演——变阵子

金代（1115~1234 年）
高 19 厘米，宽 39 厘米，厚 5 厘米
1965 年山西省侯马市牛村 65H4M102 出土

共四个童子。左一头戴花脚幞头，右边三童子头挽双髻；四童子皆身着衫裤，肩披彩带。右起第一人手提小锣引舞，第二人扛伞，第三人持棨，第四人持斧钺，边跳边舞，场面很是热闹。

社火表演——扑旗子

金代（1115~1234 年）
高 19 厘米，宽 39 厘米，厚 5 厘米
1965 年山西省侯马市牛村 65H4M102 出土

图中四个童子。左起前两童子均头挽双髻，一双手执旗，走在最前，似为指挥；左二身系腰鼓，左手拍鼓，回身挥手，似在召唤；后两人头扎辫饰花，均一手持剑，一手持盾，相对舞蹈。扑旗子是社火表演中的一种形式，表演者持旗子以及剑、盾等道具，跳跃而舞，场面欢快。

社火表演——敲锣

金代（1115~1234 年）
高 24.5 厘米，宽 22 厘米，厚 5.5 厘米
1981 年山西省新绛县南范庄金墓出土

浮雕人物头裹曲脚朝天幞头，长袍束带，脚穿黑鞋，眉目用墨笔勾勒。左手持锣，右手持槌，边舞边敲，神情诙谐，步态灵动。此应是社火表演中伴奏的人物形象。

社火表演——敲锣

金代（1115~1234 年）
高 25 厘米，宽 22 厘米，厚 5 厘米
1981 年山西省新绛县南范庄金墓出土

一人头裹曲脚朝天幞头，长袍束带，长带拖地，脚穿黑鞋，眉目用墨笔勾勒，神情诙谐，步态灵动。左手持锣，右手持槌敲击。

社火表演——腰鼓

金代（1115~1234 年）
高 25 厘米，宽 23 厘米，厚 5 厘米
1981 年山西省新绛县南范庄金墓出土

浮雕人物头戴曲脚朝天幞头，墨笔勾画五官，面呈喜色，手舞足蹈，动作夸张。

社火表演——舞绣球

金代（1115~1234 年）
高 24.5 厘米，宽 22 厘米，厚 5.5 厘米
1981 年山西省新绛县南范庄金墓出土

浮雕人物头发中分两边下垂扎髻，长袍束带，脚穿黑鞋，眉目用墨笔勾勒。左手持一大绣球，右手抚在绣球上，绣球彩带飘于身后，神情诙谐，步态灵动。

社火表演——舞绣球

金代（1115~1234 年）
高 24.5 厘米，宽 22 厘米，厚 5.5 厘米
1981 年山西省新绛县南范庄金墓出土

浮雕人物头发中分两边下垂扎髻，长袍束带，脚穿黑鞋，眉目用墨笔勾勒。左手持一绣球，下端彩带飘飘。右手上举，转身扭动，动作夸张。

社火表演——舞绣球

金代（1115~1234 年）
高 25 厘米，宽 22 厘米，厚 5 厘米
1981 年山西省新绛县南范庄金墓出土

一人头发中分两边下垂扎髻，腰扎彩带，脚穿黑鞋，眉目用墨笔勾勒。左手持一大绣球。右手抚在绣球上，彩带飘于身侧。神情诙谐，步态踉跄。

社火表演——乔妇人

金代（1115~1234年）
高25厘米，宽22厘米，厚5厘米
1981年山西省新绛县南范庄金墓出土

此为乔妇人形象。有二人表演，其中一人男扮女装，披长披巾，穿长褙子，右手以帕托腮，作妇人态。另一人头裹曲脚朝天幞头，似为仆从，擎伞随后，步态夸张。

社火表演——瓜田乐

金代（1115~1234 年）

高 25 厘米，宽 22 厘米，厚 5 厘米

1981 年山西省新绛县南范庄金墓出土

此为社火中的瓜田乐。一人肩抗大瓜，扭动腰肢，起舞作乐，表现农民喜庆丰收的欢乐场景。

社火表演——狮子舞

金代（1115~1234 年）
高 23 厘米，宽 35 厘米，厚 4 厘米
1981 年山西省新绛县南范庄金墓出土

画面为六儿舞狮。狮子以竹条布帛扎成，体型硕大；其中两小儿负责舞狮。另四儿或戴幞头，或梳丫髻，身着小袄窄裤，似在引逗：一儿敲锣开道，一儿持缰牵引；另有二小儿双手抱球，簇拥狮后。舞狮场景形象生动，情趣盎然。

社火表演——狮子舞

金代（1115~1234年）
高23厘米，宽33厘米，厚4.5厘米
1981年山西省新绛县南范庄金墓出土

画面为六儿舞狮。狮子以竹条布帛扎成，体型硕大；其中两小儿负责舞狮。另四儿或戴幞头，或梳丫髻，身着小袄窄裤，似在引逗：一儿敲锣开道，一儿持缰牵引；另有二小儿双手抱球，簇拥狮后。舞狮场景形象生动，情趣盎然。

舞童

金代（1115~1234年）
高28厘米，宽28厘米，厚4.5厘米
山西省侯马市大李村金墓出土

童子头扎发髻，系缯带，身着坎肩，衫裤，一手提锣引舞。砖雕表面施红白彩绘。

舞童

金代（1115~1234年）
高28厘米，宽28厘米，厚4.5厘米
山西省侯马市大李村金墓出土

童子头挽发髻，颈饰项圈，身着短袄，下着裤，身披彩带，左手持架枪，交脚行走，似在舞动。

舞童

金代（1115~1234 年）
高 28 厘米，宽 28 厘米，厚 4.5 厘米
山西省侯马市大李村金墓出土

童子头挽发髻，颈饰项圈，身着短袄，下着裤，左手持槊枪，且步且舞。

舞童

金代（1115~1234 年）
高 28 厘米，宽 28 厘米，厚 4.5 厘米
山西省侯马市大李村金墓出土

童子头挽发髻，颈饰项圈，身着短袄，下着裤，身披彩带，双手持槊枪，迈步行走。

舞童

金代（1115~1234 年）
高 28 厘米，宽 28 厘米，厚 4.5 厘米
山西省侯马市大李村金墓出土

童子头挽发髻，颈饰项圈，身着红色短袄，下着裤，身披彩带，左手持槊枪，亦步亦舞。

舞童

金代（1115~1234年）
高28厘米，宽28厘米，厚4.5厘米
山西省侯马市大李村金墓出土

童子头挽发髻，颈饰项圈，身着红色镶边短袄，下着裤，身披彩带，左肩扛架，交脚行走，亦似舞蹈。

乐伎

金代（1115~1234 年）
高 37.5 厘米，宽 28 厘米
1959 年山西省侯马市大李村出土

彩绘，舞者头戴花幞头，上身穿紧身衣，下身着裙，腰系带，上面缀有铃铛。双臂舞动，舞姿翩翩，轻盈欢快。

乐伎

金代（1115~1234 年）
高 37.5 厘米，宽 28 厘米
1959 年山西省侯马市大李村出土

彩绘，圆形大鼓置于鼓架上，鼓手戴幞头，着红色窄袖长袍，腰束带，双手执槌，侧头击鼓。

乐伎

金代（1115~1234 年）
高 37.5 厘米，宽 28 厘米
1959 年山西省侯马市大李村出土

伎乐俑头戴幞头，身着广袖长袍，腰束带，双手持拍板于胸前，正在演奏。

乐伎

金代（1115~1234 年）
高 37.5 厘米，宽 28 厘米
1959 年山西省侯马市大李村出土

表演者头戴花幞头，着广袖长袍，腰束带，双手扶筚篥，正在吹奏。

乐伎

金代（1115~1234 年）
高 37.5 厘米，宽 28 厘米
1959 年山西省侯马市大李村出土

表演者为一老翁，头戴花幞头，身着广袖长袍，腰束带，手持横笛，面部表情丰富，正在卖力吹奏。

舞伎

金代（1115~1234 年）
高 40 厘米，宽 20 厘米
1971 年山西省襄汾县陶寺公社出土

头戴花冠，上身穿窄袖紧身衣，下身穿长裙，腰系华带，上饰銮铃。左肩高，右肩低，双手曲于身前，似随节拍翩翩起舞。

乐伎——大鼓色

金代（1115~1234 年）
高 38 厘米，宽 20 厘米
1971 年山西省襄汾县陶寺公社出土

鼓手头戴花冠，身穿半袖长裙，腰系带，双手持槌，一手敲击，一手扬起，正在奋力敲击。圆形大鼓置于鼓架上。

乐伎——腰鼓色

金代（1115~1234 年）
高 40 厘米，宽 20 厘米
1971 年山西省襄汾县陶寺公社出土

鼓手头戴花冠，肩系锦带，身着长裙，腰挎腰鼓，右手执桴向上，左手抚另一侧鼓面，做敲击状。

乐伎——腰鼓色

金代（1115~1234 年）
高 40 厘米，宽 20 厘米
1971 年山西省襄汾县陶寺公社出土

鼓手头戴花冠，肩系锦带，身穿长裙，腰挎腰鼓，双手各抚一侧鼓面。

乐伎——拍板色

金代（1115~1234 年）
高 40 厘米，宽 19 厘米
1971 年山西省襄汾县陶寺公社出土

乐伎头戴花冠，身着宽袖长袍，腰束带。双手捧拍板于胸前，做演奏状。

乐伎——筚篥色

金代（1115~1234 年）
高 39.5 厘米，宽 19.5 厘米
1971 年山西省襄汾县陶寺公社出土

乐伎头戴花冠，身穿宽袖长袍，腰中束带，双手扶筚篥于嘴边，正在吹奏。

乐伎——笛色

金代（1115~1234 年）
高 40 厘米，宽 19 厘米
1971 年山西省襄汾县陶寺公社出土

乐伎头戴花冠，长髯飘飘，身着广袖长袍，腰束带，手持横笛，正在吹奏。

乐伎——拍板色

金代（1115~1234年）
高35厘米，宽18厘米，厚6厘米
1981年山西省新绛县南范庄金墓出土

头戴大花幞头，身穿款袖长袍，腰中束带，双手持拍板于胸前左侧，正在演奏。

乐伎——大鼓色

金代（1115~1234 年）
高 40 厘米，宽 19.5 厘米，厚 6.5 厘米
1981 年山西省新绛县南范庄金墓出土

鼓手头戴黑色高枝花幞头，着窄袖长袍，腰束带，双手执槌，侧头击鼓。圆形大鼓置于一旁鼓架上。

乐伎——腰鼓色

金代（1115~1234 年）
高 40 厘米，宽 19.5 厘米，厚 6.5 厘米
1981 年山西省新绛县南范庄金墓出土

鼓手眉目用墨笔勾勒，头戴黑色幞头，上有高簇花枝，身穿窄袖长袍，腰鼓帛带系于肩部，双手执槌，正在击打。

舞伎

金代（1115~1234年）
高34厘米，宽18厘米，厚6.5厘米
1981年山西省新绛县南范庄金墓出土

头戴大花幞头，上穿紧身衣，下着长裙，腰系丝带。左肩高，右肩低，双臂舞动，似随节拍翩翩起舞。

乐伎——觱篥色

金代（1115~1234 年）
高 35 厘米，宽 16 厘米，厚 6 厘米
1981 年山西省新绛县南范庄金墓出土

表演者头戴大花幞头，身着宽袖长袍，腰中束带，双手扶觱篥，在嘴边吹奏。

乐伎——笛色

金代（1115~1234 年）
高 35 厘米，宽 19 厘米，厚 6.5 厘米
1981 年山西省新绛县南范庄金墓出土

头戴大花幞头，身穿宽袖长袍，面向一侧，手持横笛，正在吹奏。

乐伎——拍板色

元代（1271-1368 年）
高 29 厘米，宽 29 厘米，厚 5 厘米
山西省侯马市出土

表演者头戴幞头，身穿长裙，腰系彩带，双手持拍板于胸前左侧，正在演奏。

拍板，为节乐之器，由西北少数民族地区传入中原，唐代就已广为流传。宋金时期，拍板在民间说唱中普遍使用，是民间器乐组合“鼓板”中的主要乐器。在歌舞表演中多见。

乐伎——方响色

元代（1271-1368 年）
高 29 厘米，宽 29 厘米，厚 5 厘米
山西省侯马市出土

乐伎头束髻，扎缯带，肩披帛，下着裙。盛装坐于桌旁，桌上放置方响，作弹奏状。

乐伎——笙色

元代（1271-1368 年）
高 29 厘米，宽 29 厘米，厚 5 厘米
山西省侯马市出土

乐伎头束髻，扎缯带，肩披帛，下着裙，身穿盛装，肩披拖地，手握竹笙，正在吹奏中。

乐伎——腰鼓色

元代（1271-1368 年）
高 29 厘米，宽 29 厘米，厚 5 厘米
山西省侯马市出土

乐伎头束髻，扎缯带，肩披帛及地，下着裙。身穿盛装，边舞蹈边拍打腰鼓。

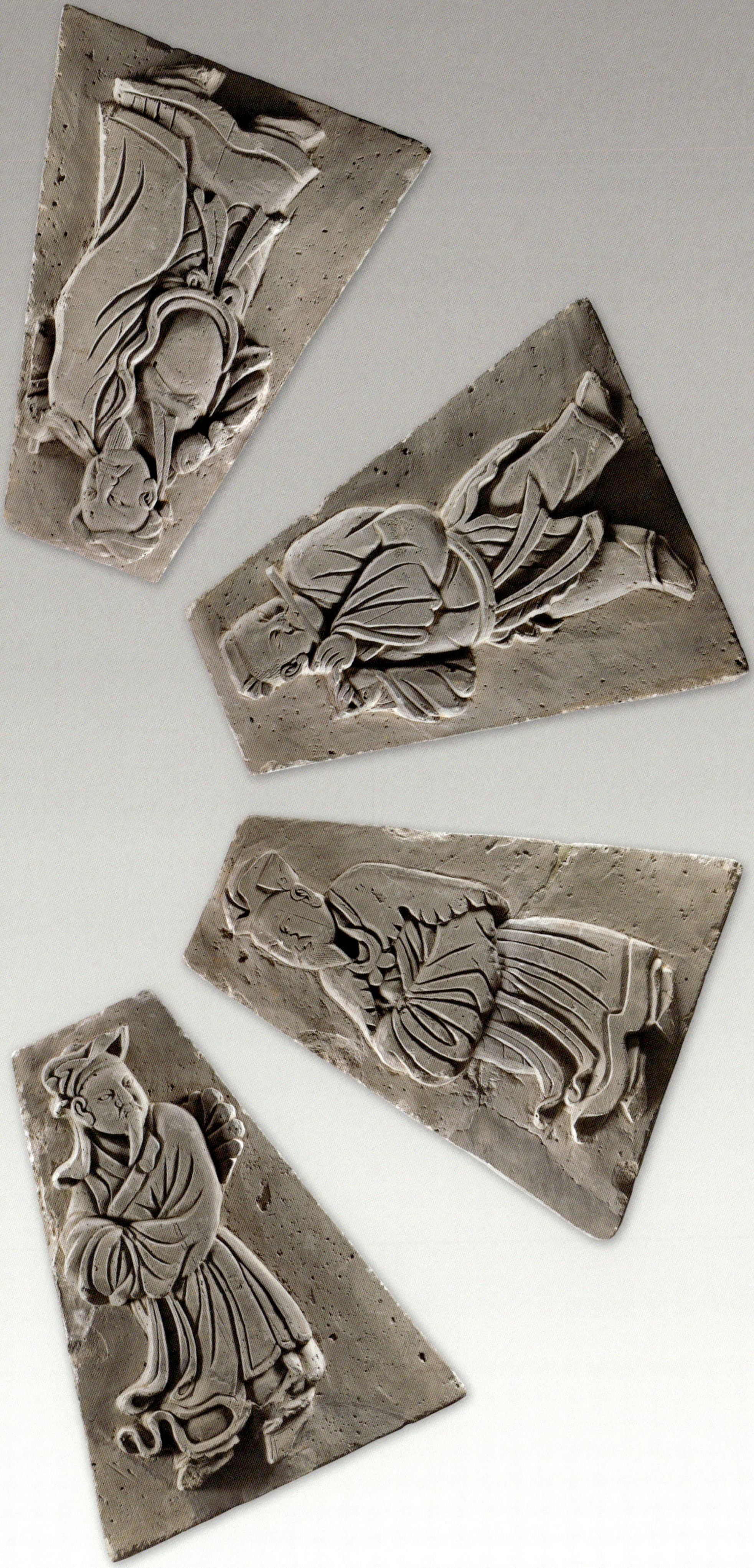

铁拐李

金代（1115~1234年）
高53.5厘米，上宽18厘米、下宽41.5厘米，厚7厘米
1965年山西省侯马市牛村65H4M102出土

头戴软巾，留长须，身着褒衣，束带敞胸，身背葫芦，立眉凝目，回首而望。为八仙之首铁李拐。

钟离权

金代（1115~1234 年）
高 52.3 厘米，上宽 17.6 厘米、下宽 44.2 厘米，厚 7.6 厘米
1965 年山西省侯马市牛村 65H4M102 出土

头挽双髻，颔下连鬓长髯，身着长袍，袍长及足，袖长及膝，坦胸露乳，腰间系带，肩披蓑衣，双目圆睁直视前方。是为八仙之钟离权。

吕洞宾

金代（1115~1234 年）
高 54.2 厘米，上宽 17.8 厘米、下宽 42.8 厘米，厚 6.5 厘米
1965 年山西省侯马市牛村 65H4M102 出土

头戴软巾，颔下一缕长须，身穿右衽长衫，袖手而立，长须及长衫随风摆动，背后插一柄羽扇，凝目回首，一副仙风道骨模样。是为八仙之吕洞宾。

蓝采和

金代（1115~1234年）
高54.3厘米，上宽17.2厘米、下宽43厘米，厚8厘米
1965年山西省侯马市牛村65H4M102出土

头饰双髻，颔下短须，身穿右衽长衫，腰间系带，肩披蓑衣，右手持镢，左手提篮，篮底有四足。是为八仙之蓝采和。

韩湘子

金代（1115~1234 年）
高 51.5 厘米，上宽 19.2 厘米、下宽 42.5 厘米，厚 7 厘米
1965 年山西省侯马市牛村 65H4M102 出土

头裹软巾，身着宽袖长衫，腰间系带，双手持笛作吹奏状。是为八仙之韩湘子。

张果老

金代（1115~1234 年）
高 53.5 厘米，上宽 18 厘米、下宽 41.5 厘米，厚 7 厘米
1965 年山西省侯马市牛村 65H4M102 出土

头裹软巾，颔下短须，身着长袍，腰间系带，带尾掖于脑后，袍脚翻卷，背向而立，手持渔鼓，疑似张果老之变形物“毛驴”。是为八仙之张果老。

曹国舅

金代（1115~1234 年）
高 54.5 厘米，上宽 17.8 厘米、下宽 43.5 厘米，厚 7.5 厘米
1965 年山西省侯马市牛村 65H4M102 出土

披发，以丝带圈箍，颔下有髯，身着右衽长衫，腰间扎蝴蝶结，右手自然下垂，袖长及膝，左手持笊篱。是为八仙之曹国舅。

徐神翁

金代（1115~1234 年）
高 53.2 厘米，上宽 17.2 厘米、下宽 42.5 厘米，厚 7 厘米
1965 年山西省侯马市牛村 65H4M102 出土

头戴进贤冠，颌下有须，身着袍，袍子下摆随风而动，袖手而立，肩披蓑衣于颈下扎结，双目微合直视前方。是为八仙之徐神翁。在八仙传说定型过程中，马致远的《吕洞宾三醉岳阳楼》中，并没有何仙姑，取而代之的是徐神翁。

骑鹿仙童

金代（1115~1234 年）
高 19 厘米，宽 39 厘米，厚 5 厘米
1965 年山西省侯马市牛村 65H4M102 出土

童男头梳发辫，童女头挽双髻，均颈戴项圈，身穿彩衣，腰系彩带。皆手持仙草，骑鹿飞奔，身后彩带飞扬。

莲生贵子

金代（1115~1234年）
高19.5厘米，宽28厘米，厚3.5厘米
1965年山西省侯马市牛村65H4M102出土

一童子发饰双辫，上身赤裸，颈束项圈，下着长裤，腰系彩带，肩扛一面大旗，嬉戏于莲叶之上。寓意“莲（连）生贵子”。

玄武

金代（1115~1234 年）
高 32 厘米，宽 18 厘米，厚 6 厘米
2005 年山西省沁源县段家庄出土

长方形砖。玄武神像长发披肩，面目狰狞，身穿盔甲，手握宝剑，脚踩一大龟身上。“玄武”为四神之一，代表北方。“玄武”神像在砖雕中出现，为道教的发展演变提供了实物依据。

力士

金代（1115~1234 年）
高 21 厘米，宽 19 厘米，厚 4 厘米
山西省稷山县出土

近方形砖。为胡人形象，头发卷曲，上身坦胸露乳，斜披帛带，下身长裤，扎裤脚。眉头紧皱，双目圆睁，双手紧握放于腿上，双腿曲蹲作负重状。

狮子舞

金代（1115~1234年）
高23厘米，宽33厘米，厚4.5厘米
1981年山西省新绛县南范庄金墓出土

长方形砖，内凹成壸门状。狮子装饰华美，身披彩带，颈下带一铃铛，张嘴露齿，摇头晃发，尾巴上翘，正在与前后足之间的彩色绣球嬉戏。

狮子

金代（1115~1234年）
高37厘米，宽16厘米
1966年山西省曲沃县苏村砖厂出土

长方形砖，高浮雕狮子。一狮子蹲卧于须弥座上，须弥座中间饰莲花，狮子奋耳秃额，鬣发披卷，深目隆眉，尾巴上翘。

狮子

金代（1115~1234 年）
高 35 厘米，宽 19 厘米
1966 年山西省曲沃县苏村砖厂出土

长方形砖，高浮雕狮子。一狮子蹲卧于须弥座上，须弥座中间饰莲花，狮子耷耳秃额，鬣发披卷，深目隆眉，尾巴上翘。

狮子

金代（1115~1234 年）
高 22.5 厘米，宽 49 厘米，厚 6 厘米
山西省稷山县出土

长方形砖，正中高浮雕衔绶带狮子。狮子面部朝前，鬣毛卷曲，深目龇牙，口衔绶带，项系铃铛，前腿弯曲，后腿腾空，卷尾上翘，正在疾驰飞奔。

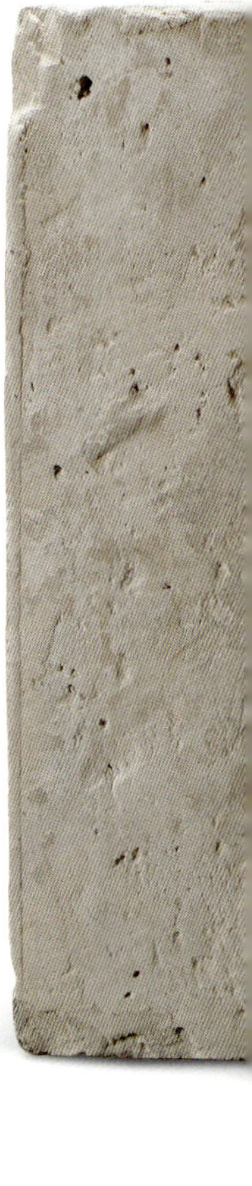

狮子

金代（1115~1234 年）
高 22.5 厘米，宽 48 厘米，厚 6 厘米
山西省稷山县出土

长方形砖，正中高浮雕衔绶带狮子。狮子面部朝前，鬣毛卷曲，深目龇牙，口衔绶带，项系铃铛，前腿弯曲，后腿腾空，卷尾上翘，正在疾驰飞奔。

天马

金代（1115~1234 年）
高 21.5 厘米，宽 42 厘米，厚 5 厘米
山西省稷山县出土

长方形砖，砖正中高浮雕奔马一匹。马头向前，前腿弯曲，后腿飞腾做奔跑状。宋金时，有好多这种奔马的装饰，一般称为天马，寓意吉祥如意。

山羊

金代（1115~1234 年）
高 21.5 厘米，宽 42 厘米，厚 5 厘米
山西省稷山县出土

长方形砖，砖正中高浮雕卧羊一只。羊体态肥硕，前肢交叉，后腿外撇呈卧姿。“羊”字在古汉语中通“祥”，墓葬中经常可见羊这种动物装饰。

山羊

金代（1115~1234年）
高16厘米，宽35厘米，厚6厘米
2009年山西省稷山化肥厂出土

长方形砖，壶门边框。正中一山羊飞奔，前腿内弯，后腿腾空，头部向后回看，羊尾上扬。

山羊

金代（1115~1234年）
高16厘米，宽35厘米，厚6厘米
2009年山西省稷山化肥厂出土

长方形砖。壶门边框。正中浮雕一山羊，作飞奔状，头部前倾，羊尾上扬，前腿内弯，后腿腾空。图案简洁明快，动物形象活灵活现。

奔鹿

金代（1115~1234 年）
高 16 厘米，宽 35 厘米，厚 6 厘米
2009 年山西省稷山化肥厂出土

长方形砖，壶门边框。正中浮雕一鹿飞奔，前腿内弯，后腿腾空，头部向后回看，鹿尾上扬。

奔鹿

金代（1115~1234 年）
高 16 厘米，宽 36 厘米，厚 6 厘米
2009 年山西省稷山化肥厂出土

长方形，壶门边框。正中浮雕一鹿，作飞奔状，头部前倾，鹿尾上扬，前腿内弯，后腿腾空。鹿为古代的瑞兽，常用作装饰以示吉祥。

绵羊衔瑞

金代（1115~1234 年）
高 16 厘米，宽 31.5 厘米，厚 5 厘米
山西省稷山县出土

长方形砖，浮雕一温顺绵羊形象，作奔跑状，羊首回顾，嘴衔祥瑞，向后飘洒，形成祥云。羊身肥壮，祥瑞夸张。

天马

金代（1115~1234 年）
高 16 厘米，宽 31.5 厘米，厚 5 厘米
山西省稷山县出土

长方形砖，浮雕一奔马，前腿内弯，后腿腾空抬起，马鬃向后飘起，颈上绑一绶带，在奔跑中向上卷起，马尾向后飞扬。

奔鹿

金代（1115~1234 年）
高 16 厘米，宽 31.5 厘米，厚 5 厘米
山西省稷山县出土

长方形砖，浮雕一奔鹿：鹿角高耸，口衔绶带，在奔跑中迎风向后飘散，前腿弯曲，后腿紧绷，身体肥壮。

盆栽盘枝石榴

金代（1115~1234 年）
高 29 厘米，宽 29 厘米，厚 5 厘米
2009 年山西省稷山县化肥厂出土

正方形砖。壶门边框内，底部一莲花瓣形花盆，一株石榴花枝繁茂，枝叶卷曲，盘绕于一起，中间有一成熟石榴挂于枝头，果实可见。

牡丹

金代（1115~1234年）
高16厘米，宽31.5厘米，厚5厘米
山西省稷山县出土

长方形砖。高浮雕一支盛开的花朵，四周枝叶围绕。

牡丹

金代（1115~1234年）
高16厘米，宽31.5厘米，厚5厘米
山西省稷山县出土

长方形砖。高浮雕一支盛开花朵，花蕊可见，两边枝叶围绕在其左右。

牡丹

金代（1115~1234 年）
高 16 厘米，宽 31.5 厘米，厚 5 厘米
山西省稷山县出土

长方形砖。高浮雕一盛开花朵，枝叶围绕在其左右。

牡丹

金代（1115~1234 年）
高 16 厘米，宽 31.5 厘米，厚 5 厘米
山西省稷山韩家庄出土

长方形砖。高浮雕一半开牡丹，枝叶围绕于四周。

瓶栽牡丹

金代（1115~1234年）
高29厘米，宽29厘米，厚5厘米
山西省稷山县出土

砖近正方形，壶门内浮雕一瓶栽牡丹：下面为一瓜棱瓶，一株牡丹栽于花瓶中，花朵盛开，四周枝叶围绕。

瓶栽牡丹

金代（1115~1234年）
高31.5厘米，宽16厘米，厚5厘米
山西省稷山韩家庄出土

长方形砖，边框内高浮雕牡丹纹：一瓜棱状束腰敞口花瓶，内有一株盛开的牡丹，花朵重重叠叠，繁茂枝叶围绕在花朵四周。

莲花

金代（1115~1234 年）
高 28 厘米，宽 28 厘米，厚 4 厘米
1984 年山西省侯马大李村出土

正方形砖，壶门内雕花。宽大莲叶上，莲花盛开，旁衬小花。底扎飘带，施白地红彩。

莲花

金代（1115~1234 年）
高 28 厘米，宽 28 厘米，厚 4 厘米
1984 年山西省侯马大李村出土

正方形砖，壸门内雕莲花：莲花盛开，花蕊可见，并有两枝叶陪衬，中部莲叶舒展，向外翻开，下部一根丝带捆绑花枝。图案施彩。

莲花

金代（1115~1234 年）
高 28 厘米，宽 28 厘米，厚 4 厘米
1984 年山西省侯马大李村出土

方砖壶门内，一束莲花已过花期，花瓣中莲蓬初露，莲叶向外翻开微卷，一根丝带捆绑于花枝，旁边有枝叶陪衬。图案施彩。

牡丹

金代（1115~1234年）
高28厘米，宽28厘米，厚4厘米
1984年山西省侯马大李村出土

正方形砖，莲瓣形壶门。高浮雕，一枝牡丹盛开，一枝含苞待放，枝叶繁茂围绕，施彩绘。

莲花

金代（1115~1234 年）
高 28 厘米，宽 28 厘米，厚 5 厘米
山西省侯马市出土

正方形砖，壸门内雕一盛开的莲花，旁边莲叶内翻，下部有一含苞待放的花骨朵，并有丝带捆绑花枝。

鸭戏莲花

金代（1115~1234年）
高26厘米，宽26厘米，厚4.5厘米
山西省侯马市出土

正方形砖，方形边框内减地雕刻一鸭子嬉戏于水中，旁边有含苞未放的莲花和莲叶。

秋葵

金代（1115~1234 年）
高 28 厘米，宽 28 厘米，厚 5 厘米
山西省侯马市出土

正方形砖，壶门内雕一支盛开的秋葵，一支花骨朵，旁边枝叶茂盛。

牡丹

金代（1115~1234 年）
高 11 厘米，宽 36 厘米，厚 2 厘米
山西省侯马市出土

长方形砖雕，雕刻卷叶牡丹纹，花枝繁茂。砖雕表面施白、红两色彩绘。

牡丹

金代（1115~1234 年）
高 11 厘米，宽 26 厘米，厚 4 厘米
山西省侯马市出土

长方形砖雕，雕刻折枝牡丹纹，砖雕表面施白、红两色彩绘。

莲花

金代（1115~1234 年）
高 11 厘米，宽 26 厘米，厚 4 厘米
山西省侯马市出土

长方形砖雕。雕刻莲花纹，两边荷叶，中间莲花，似随风摇曳。砖雕表面施白、红两色彩绘。

盆栽莲花

金代（1115~1234年）
高27厘米，宽28厘米，厚6厘米
山西省侯马市出土

长方形砖，壶门边框。一枝莲花植于瓜棱形花盆之中，荷叶田田，莲花盛开。

牡丹

金代（1115~1234年）
高20厘米，宽40厘米，厚7厘米
山西省侯马市出土

长方形砖。高浮雕一朵盛开的牡丹，四周枝繁叶茂。

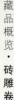

盆栽牡丹

金代（1115~1234 年）
高 27 厘米，宽 28 厘米，厚 5 厘米
山西省侯马市出土

长方形砖，壶门边框。一枝牡丹植于瓜棱形花盆之中，枝繁叶茂，花朵盛开。

牡丹

金代（1115~1234 年）
高 22 厘米，宽 43 厘米，厚 8 厘米
山西省侯马市出土

长方形砖。高浮雕一朵半开的牡丹，四周枝繁叶茂。

牡丹

金代（1115~1234 年）
高 19 厘米，宽 40 厘米，厚 7 厘米
山西省稷山县出土

长方形砖。高浮雕一朵盛开的花卉，四周枝繁叶茂。

莲花

金代（1115~1234 年）
高 22 厘米，宽 42 厘米，厚 10 厘米
山西省稷山县出土

长方形砖。高浮雕，一朵莲花盛开，四周荷叶围绕。

莲花

金代（1115~1234 年）
高 19 厘米，宽 40 厘米，厚 7 厘米
山西省稷山县出土

长方形砖。高浮雕一束莲纹，正中一支含苞待放的莲花，两旁莲叶田田。

莲花

金代（1115~1234 年）
高 41 厘米，宽 19 厘米，厚 7 厘米
山西省稷山县出土

长方形砖。一支含苞待放的莲花位于正中，四周茎叶围绕枝叶围绕。

秋葵

金代（1115~1234 年）
高 40 厘米，宽 19 厘米，厚 7 厘米
山西省稷山县出土

长方形砖。高浮雕有秋葵纹，一朵含苞待放，一朵盛开，其四周有枝叶围绕。

盆栽牡丹

金代（1115~1234 年）
高 63 厘米，宽 35 厘米，厚 7 厘米
山西省稷山县出土

屏心砖雕，大小两块砖雕组成。一枝牡丹盛开在假山后，枝叶茂盛。

牡丹

金代（1115~1234 年）
高 50 厘米，宽 24 厘米，厚 10 厘米
山西省稷山县出土

长方形砖。高浮雕有牡丹纹，牡丹花含苞待放，四周枝叶婆娑。

盆栽缠枝花卉

金代（1115~1234 年）
高 63 厘米，宽 35 厘米，厚 7 厘米
山西省稷山县出土

屏心砖雕，由大小两块组成。盆栽一缠枝花卉，花朵盛开，枝叶繁茂，相互缠绕。

盆栽牡丹

金代（1115~1234 年）
高 29 厘米，宽 28 厘米，厚 6 厘米
山西省稷山县出土

近方形砖，壶门边框。高浮雕盆栽一盛开的牡丹，枝叶繁茂。

盆栽牡丹

金代（1115~1234 年）
高 29 厘米，宽 28 厘米，厚 6 厘米
山西省稷山县出土

近方形砖，壸门边框。盆栽一盛开的牡丹，枝叶繁茂。

折枝莲花

金代（1115~1234 年）
高 29 厘米，宽 27 厘米，厚 6 厘米
山西省稷山县出土

近方形砖，壶门边框。高浮雕一束半开的莲花，四周有枝叶围绕。

折枝莲花

金代（1115~1234 年）
高 29 厘米，宽 27 厘米，厚 6 厘米
山西省稷山县出土

近方形砖，壸门边框。高浮雕一束半开的莲花，四周有枝叶围绕。

折枝莲花

金代（1115~1234 年）
高 43.5 厘米，宽 21.5 厘米，厚 13 厘米
山西省稷山县出土

长方形砖雕。高浮雕一莲纹花束，莲花盛开，莲叶围绕，并有丝带扎绑。

盆栽莲花

金代（1115~1234年）
高26厘米，宽24.5厘米，厚6厘米
山西省稷山县出土

近方形砖。壶门边框。高浮雕一瓜棱盆内栽儿株莲花，正中一朵半开，四周荷叶繁茂。

盆栽石榴

金代（1115~1234 年）
高 28.5 厘米，宽 27 厘米，厚 10 厘米
山西省稷山县出土

近方形砖，壶门边框。高浮雕一盆栽半开的石榴花，四周枝叶围绕。

瓶栽牡丹

金代（1115~1234 年）
高 29 厘米，宽 27 厘米，厚 6 厘米
山西省稷山县出土

近方形砖，壶门边框。高浮雕一束瓶栽的半开牡丹，四周有枝叶围绕。

墓门

金代（1115~1234 年）
高 33 厘米，宽 32 厘米，厚 6 厘米
2005 年山西省沁源县段家庄出土

砖雕门，在一块砖雕上雕出图像一样的两扇门，门上装饰有下垂的如意花纹，下面装饰有波浪形的门槛。

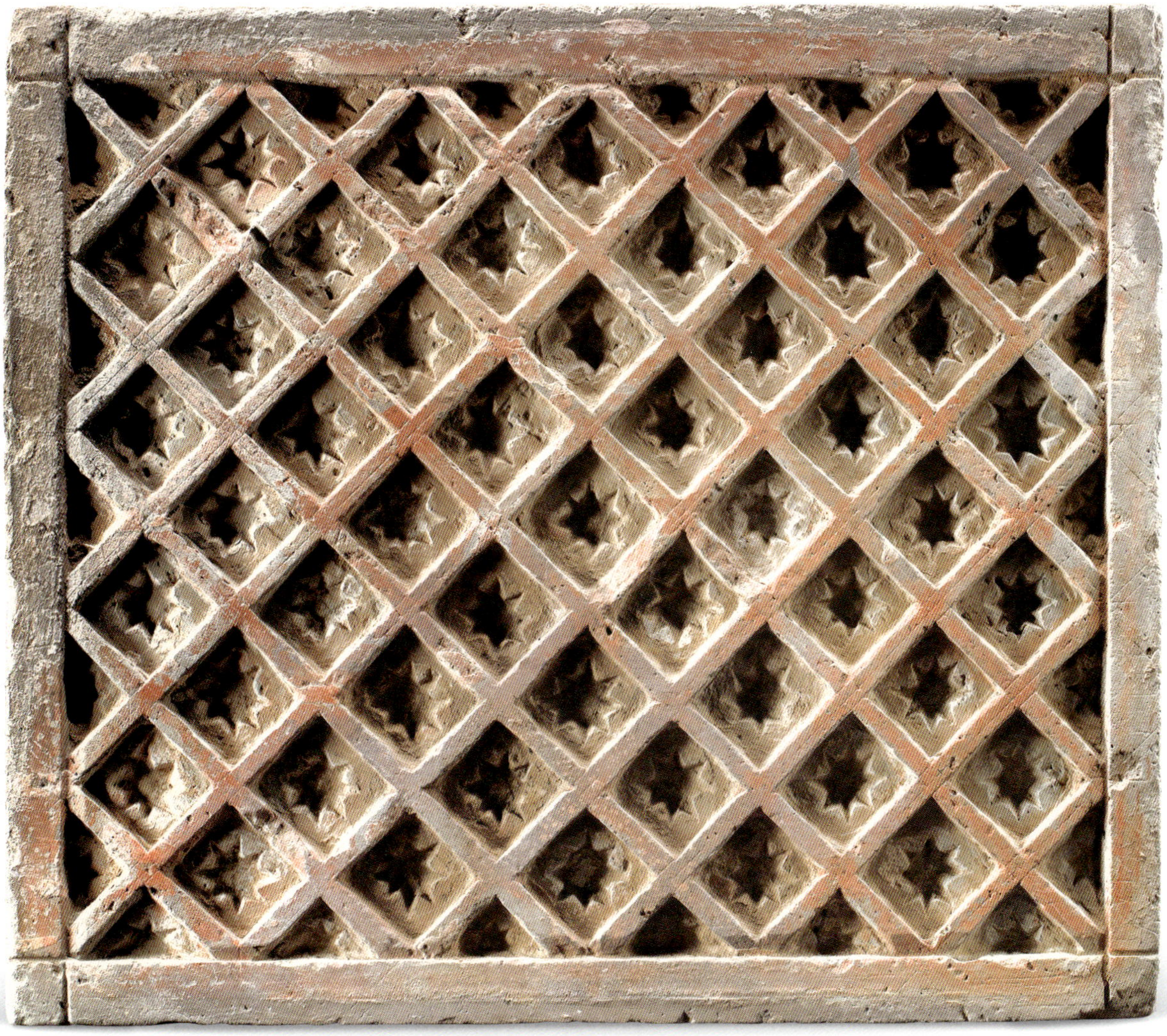

双交

金代（1115~1234 年）
高 28 厘米，宽 33 厘米，厚 5 厘米
1984 年山西省侯马市大李村出土

长方形格眼砖雕，图案为双交四斜纹填华。砖雕表面施白、红两色彩绘。

龟背

金代（1115~1234 年）
高 28 厘米，宽 33 厘米，厚 5 厘米
1984 年山西省侯马市大李村出土

长方形格眼砖雕，图案为龟背填华。砖雕表面施白、红两色彩绘。

双交龟背

金代（1115~1234 年）
高 28 厘米，宽 33 厘米，厚 5 厘米
1984 年山西省侯马市大李村出土

长方形格眼砖雕，图案作双绞龟背填华。砖雕表面施白、红两色彩绘。

方胜

金代（1115~1234 年）
高 28 厘米，宽 33 厘米，厚 5 厘米
1984 年山西省侯马市大李村出土

长方形格眼砖雕，图案作方胜填华。砖雕表面施白、红两色彩绘。

万字

金代（1115~1234 年）
高 28 厘米，宽 33 厘米，厚 5 厘米
1984 年山西省侯马市大李村出土

长方形格眼砖雕，图案为万字勾绞纹。砖雕表面施白、红两色彩绘。

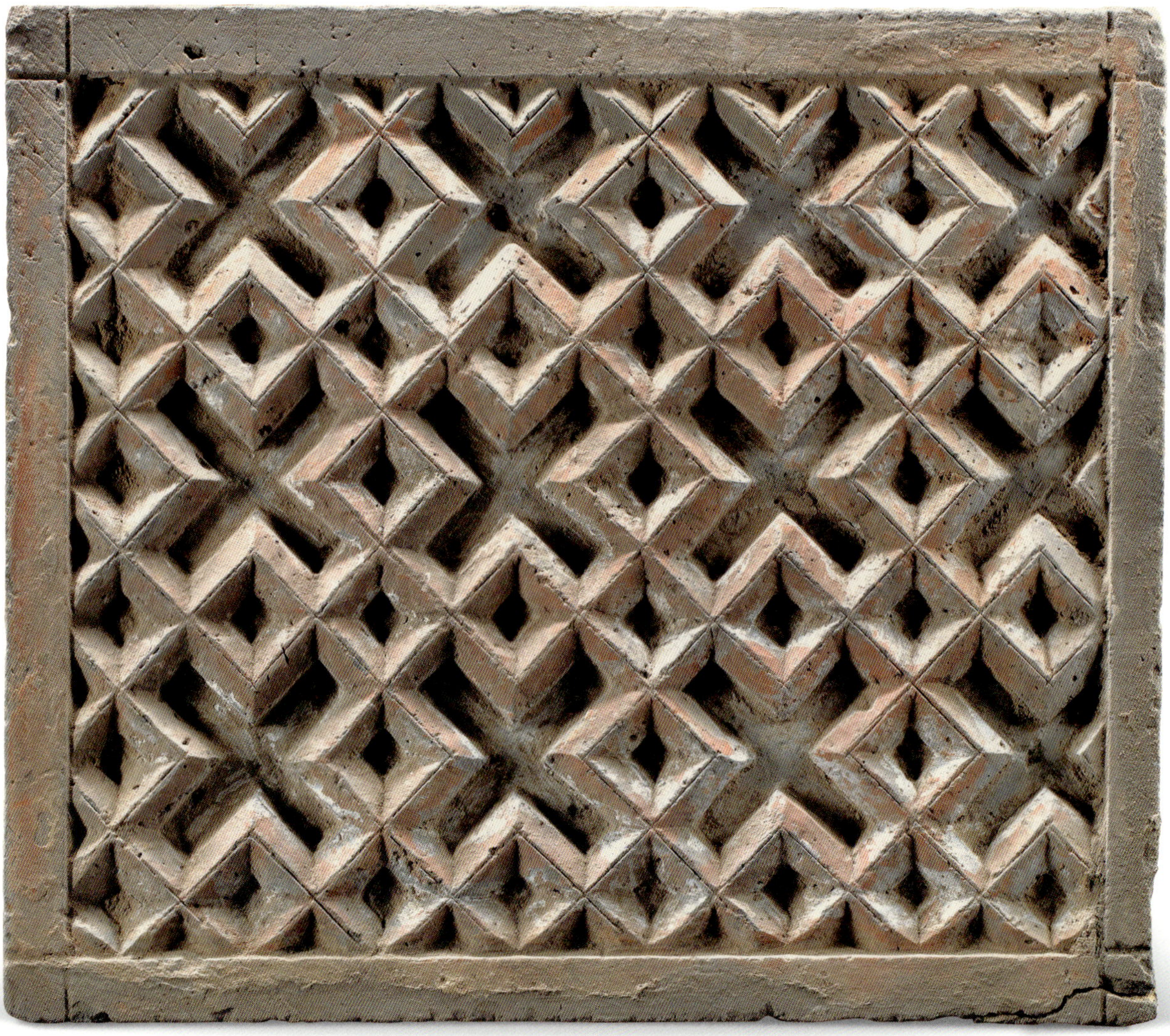

套方格

金代（1115~1234年）
高28厘米，宽33厘米，厚5厘米
1984年山西省侯马市大李村出土

长方形格眼砖雕，图案为套方格纹。砖雕表面施白、红两色彩绘。背面有毬纹。

龟背锦

金代（1115~1234 年）
高 28 厘米，宽 33 厘米，厚 5 厘米
1984 年山西省侯马市大李村出土

长方形格眼砖雕，饰四出龟背锦图案，砖雕表面施白、红两色彩绘。

仿木构建筑构件

金代（1115~1234 年）

长 33 厘米，宽 33 厘米，厚 5 厘米

2009 年山西省稷山县化肥厂出土

正方形砖，一面修整出两个45度斜坡凹槽。形似木构建筑构件中的飞檐椽。

仿木构建筑构件

金代（1115~1234 年）
长 33 厘米，宽 33 厘米，厚 5 厘米
2009 年山西省稷山县化肥厂出土

正方形砖，一端形似瓦当，依次雕刻排列出板瓦、筒瓦，板瓦、筒瓦各两个。板瓦前端突出素面圆形瓦当，筒瓦背面刻有半圆形凹槽。形似木构建筑中的瓦当。

仿木构建筑构件

金代（1115~1234 年）
长 18 厘米，宽 12 厘米，厚 4 厘米
2009 年山西省稷山县化肥厂出土

整体做成栱状，两端栱头向上突出，侧边为漂亮的连续花瓣样式，正面阴刻细线。形似木构建筑中的令栱样式。

仿木构建筑构件

金代（1115~1234 年）
长 32.5 厘米，宽 16 厘米，厚 5.5 厘米
2009 年山西省稷山县化肥厂出土

长方形砖，一端稍厚，并雕刻出四个并排的双勾线圆头莲瓣。作用为木构建筑中的装饰性构件。

仿木构建筑构件

金代（1115~1234年）
最长41厘米，最宽31厘米，厚6厘米
山西省稷山县韩家庄出土

近似三角形砖雕，最长一面雕刻出三个突出的滴水瓦当，中间间隔半圆形凹槽。形似木构建筑中的瓦当。

仿木构建筑构件

金代（1115~1234年）
长37厘米，宽15厘米，厚6厘米
2009年山西省稷山县化肥厂出土

主体为一长方形素面砖雕，一端形似木构建筑中的昂头，并向外突出。

仿木构建筑构件

金代（1115~1234 年）
长 17 厘米，宽 12.5 厘米，厚 7.5 厘米
2009 年山西省稷山县化肥厂出土

长方形砖，一面两边凸起，中间为长方形凹槽以承出跳，形似木构建筑中的栌斗。

仿木构建筑构件

金代（1115~1234 年）
长 33 厘米，宽 8.5
2009 年山西省稷山县化肥厂出土

一端为长方形，另一端向上凸起，形似木构建筑中的耍头，并在其上阴刻细线。

仿木构建筑构件

金代（1115~1234 年）
长 17 厘米，宽 7 厘米，厚 3.5 厘米
2009 年山西省稷山县化肥厂出土

长方形砖，一端直角凸起，形似木构建筑中的散斗。

仿木构建筑构件

金代（1115~1234 年）
长 28 厘米，宽 16 厘米，厚 7 厘米
2009 年山西省稷山县化肥厂出土

长方形砖，一端素面无纹，另一端一面雕刻凸出的半个栱头，向外突出。形似木构建筑中的泥道栱。

仿木构建筑构件

金代（1115~1234 年）
长 22 厘米，宽 12 厘米，厚 5 厘米
2009 年山西省稷山县化肥厂出土

长方形砖，一端素面，另一端雕刻突出半个栱头，形似木构建筑中的慢栱。

仿木构建筑构件

金代（1115~1234 年）
长 28 厘米，宽 16 厘米，厚 7 厘米
2009 年山西省稷山县化肥厂出土

砖雕正面雕刻突出的两四分之一圆相交状，形似木构建筑中的鸳鸯交首栱样式。

仿木构建筑构件

金代（1115~1234 年）
长 12 厘米，宽 12 厘米，厚 4 厘米
2009 年山西省稷山县化肥厂出土

正方形砖雕，正面上覆盖一圆形，圆形边缘雕刻莲瓣装饰，与石质莲瓣柱础相似，圆形正中刻一“石”字。